EINFACH GERADE NÄHEN

Kleidung mit geraden Nähten

CREATISSIMO
EINFACH.SELBER.MACHEN.

Brett Bara

EINFACH GERADE NÄHEN

Kleidung mit geraden Nähten

EMF

EIN BUCH DER
EDITION MICHAEL FISCHER

INHALT

EINFACH SELBST MACHEN

NÄHEN IST LEICHTER, ALS SIE DENKEN

Ich wohne in der Innenstadt von New York, und da ich gerne selbst nähe, finde ich überall Anregungen. Fast jedes Mal, wenn ich eine Boutique betrete, sehe ich etwas Schickes, Teures und denke, das ist toll – das könnte ich einfach selbst machen. Ideen für süße und schicke Nähprojekte gibt es überall – und ob Sie es glauben oder nicht, vieles ist durchaus leicht zu nähen.

„Do-It-Yourself" hat Hochkonjunktur und TV-Shows wie Geschickt eingefädelt haben das öffentliche Interesse an Selbstgemachtem, vor allem an Selbstgenähtem geweckt. Während ich an diesem Buch arbeitete, hörte ich oft den gleichen Satz: „Ich würde zu gerne Nähen lernen, aber ich habe keine Ahnung, wie ich anfangen soll." Es macht mich immer etwas traurig, wenn ich das höre – einerseits ist es toll, dass so viele es lernen möchten, andererseits ist es schade, dass sie nicht wissen, wie leicht man damit beginnen kann.

Ich habe das Glück, in einer kreativen Familie aufgewachsen zu sein. Meine Mutter konnte alles selbst nähen und mein Vater alles selbst bauen. „Selber machen" war unser Familienmotto, daher haben mich Nähmaschine, Stoff, Schere und Schnittvorlagen noch nie eingeschüchtert. Ich habe als Kind bereits gelernt, dass Nähen einfach ist.

Für mich waren selbstgemachte Deko, Mode, Quilts und Geschenke ebenso selbstverständlich wie meine Stoffsammlung und meine Nähmaschine. Viele Jahre habe ich anspruchsvolle Projekte genäht und die allermeisten ließen sich mit einfachen Nähtechniken fertigen. Warum? Weil sie für viele Projekte ausreichen. Die Idee für dieses Buch war die Erkenntnis, dass das meiste, was ich nähe, einfach aus geraden Nähten besteht.

Jeder kann eine gerade Naht nähen – das verspreche ich Ihnen.

Ich möchte, dass alle wissen, wie einfach Nähen sein kann. Natürlich kann man es kompliziert machen mit Haute-Couture-Kleidern und maßgeschneiderten Anzügen, aber Nähen ist viel mehr. Man braucht keine besonderen Techniken, um beeindruckende Sachen zu nähen. In diesem Buch zeige ich Ihnen Schritt für Schritt, wie es geht. Ein paar Näh-Basics für das Hand- und Maschinennähen, Tipps und Tricks zum Nähen, und schon sind Sie nur ein paar Nadelstiche von selbstgenähter Kleidung entfernt!

Also, bewaffnen Sie sich mit einer Nadel, ziehen Sie die Schere, laden Sie die Nähmaschine, und keine Angst, es ist nur Stoff und Garn; das Schlimmste, was passieren kann, ist, dass Sie eine Naht auftrennen und noch einmal nähen müssen.

Mit ein paar schicken Stoffen, einem freien Nachmittag, ein bisschen Kreativität und diesem Buch peppen Sie bald Ihr ganzes Leben mit tollen Sachen auf. Schnell werden Sie überall Anregungen entdecken und denken, das kann ich doch einfach selbst machen.

Brett Bara

Man braucht keine besonderen **Techniken,** um beeindruckende Dinge zu nähen. Wenn Sie eine **gerade** Naht beherrschen, können Sie sehr viele Sachen **selbst** nähen, und in diesem Buch zeige ich Ihnen Schritt für Schritt, **wie es geht.**

ERSTE SCHRITTE

GERADE NÄHEN

Sehen Sie es so: Einfach gerade nähen – klingt doch nicht so schwierig, oder? Ist es auch nicht! Sobald Sie eine gerade Naht nähen können, haben Sie die Nähwelt erobert. Das Näh-Einmaleins haben Sie schnell gelernt und können sich die Projekte in diesem Buch vornehmen.

Zunächst stelle ich Ihnen eine Grundausstattung zum Nähen vor und wie Sie eine Nähecke einrichten können. (Es ist nicht viel, versprochen!) Dann zeige ich Ihnen Schritt für Schritt, wie Sie eine gerade Naht nähen – mit der Hand und mit der Nähmaschine – und beschreibe ein paar wichtige Techniken, die Sie für die Projekte benötigen.

Lesen Sie sich als Nähanfänger dieses Kapitel aufmerksam durch, bevor Sie mit den Projekten beginnen. Auch während des Nähens der Projekte können Sie die Seiten immer einmal wieder aufschlagen und nachlesen.

ALSO, WORAUF WARTEN WIR NOCH? *Fangen wir an!*

NÄHAUSSTATTUNG

Ich habe die Erfahrung gemacht, dass ich besser und schneller nähe, wenn ich das richtige Handwerkszeug habe und wenn es griffbereit und gut sortiert ist. So kann ich sofort loslegen, sobald ich von der Nähmuse geküsst werde.

Sie benötigen keine große Ausstattung – ich lebe schließlich in der Innenstadt von New York, da lebt man auf engem Raum, also verzichte ich auf die meisten Hilfsmittel und beschränke mich auf die wichtigsten. Hier zeige ich Ihnen eine minimalistische Zusammenstellung von Nähutensilien, die Sie für die Projekte in diesem Buch benötigen.

Allzweckgarn: Standard-Nähmaschinengarn wird aus Baumwolle, Polyester oder aus Baumwoll-Polyester-Mischung angeboten. Wählen Sie eine zum Stoff passende Garnfarbe. (Es muss nicht dieselbe Farbe sein, nur eine ähnliche.) Nehmen Sie im Zweifelsfall lieber ein etwas dunkleres Garn.

Stecknadeln: Halten Sie Stecknadeln griffbereit, damit Sie die Nähte vor dem Schließen stecken können.

Handnähnadeln: Selbst wenn Sie alles mit der Nähmaschine nähen, für ein paar Details und abschließende Feinheiten benötigen Sie immer wieder einmal eine Handnähnadel. Verwenden Sie lange Nähnadeln, sie werden für das jeweilige Stoffgewicht in verschiedenen Stärken angeboten. Am besten haben Sie für alle Fälle ein Set in verschiedenen Stärken zur Hand.

ALLZWECKGARN

STECKNADELN

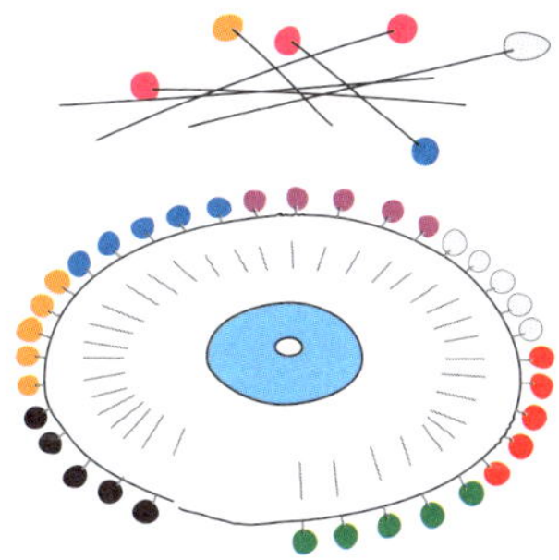

HANDNÄHNADELN

SPARTIPP

Eine Grundausstattung zum Nähen zusammenzustellen, muss nicht die Welt kosten. Fragen Sie bei Verwandten und Freunden nach Leihgaben für den Anfang, und suchen Sie in Gebrauchtwarenläden und auf Flohmärkten nach günstigem Zubehör. Auch auf Stoffmärkten findet man viele Schnäppchen. Viele Handarbeitsgeschäfte geben Stammkundenrabatt. Mit der entsprechenden Kundenkarte schlagen größere Einkäufe mit der Zeit nicht mehr so stark zu Buche!

SICHERHEITSNADELN

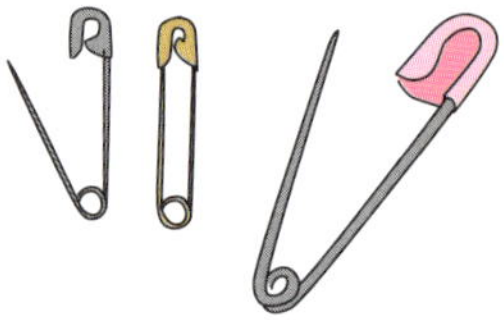

SCHNEIDERKREIDE

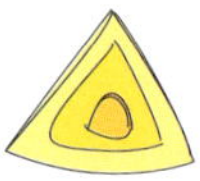

WASSERLÖSLICHER MARKIERSTIFT

SELBSTLÖSCHENDER MARKIERSTIFT

MASSBAND

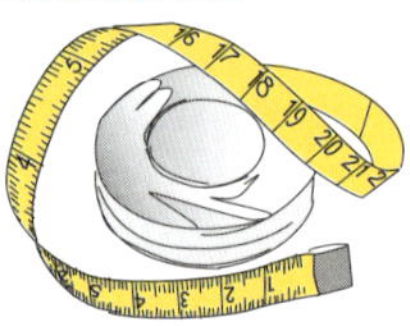

BANDMASS

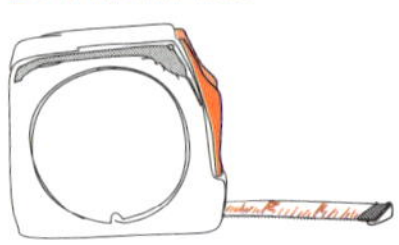

ZUSCHNEIDESCHERE

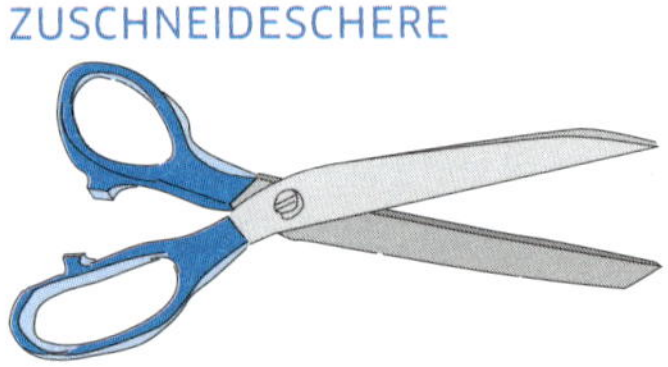

NÄHSCHERE

Sicherheitsnadeln: Sicherheitsnadeln in verschiedenen Größen sind praktisch, beispielsweise zum Einziehen eines Gummibands in einen Tunnel.

Markierwerkzeug: Als Anhaltspunkte zum Nähen werden wichtige Stellen auf den Stoffteilen gekennzeichnet. Verwenden Sie entweder wasserlösliche oder selbstlöschende Markierstifte oder Schneiderkreide, damit die Markierungen nicht dauerhaft sind.

Maßband und Bandmaß: Ich verwende zwei Arten von Bändern zum Messen. Das klassische Maßband ist ein flexibles Band aus Stoff oder Kunststoff, mit dem sich Körpermaße gut abmessen lassen. In der Regel verwende ich zum Nähen ein solches Maßband. Das andere ist ein einrollbares Bandmaß für Handwerker, aus Metall. Es ist praktisch zum Abmessen von langen Stoffbahnen, beispielsweise für Vorhänge. Verwenden Sie nicht dasselbe Bandmaß zum Handwerken und Nähen, damit die Stoffe keine Flecken bekommen.

Schere: Eine gute, scharfe Schere ist unerlässlich. Kaufen Sie eine gute Schere und verwenden Sie diese nur für Stoff – nie für Papier oder etwas anderes, sonst werden die Scherenblätter stumpf.

Rollschneider, Schneidematte und Patchworklineal: Dieses Werkzeug ist nicht notwendig, aber sehr nützlich. Ich schneide meistens mit dem Rollschneider zu; damit lässt sich schneller und exakter schneiden als mit der Schere, vor allem bei geraden Linien.

Nahttrenner: Fehler passieren, die falschen Stiche lassen sich aber leicht mit dem Nahttrenner auftrennen, ohne den Stoff zu verletzen. Dieses günstige Werkzeug lässt sich auch gut zum Auftrennen von Heftnähten und zum Aufschneiden von Knopflöchern verwenden. Wie jede Schneide, kann auch ein Nahttrenner stumpf werden. Tauschen Sie ihn daher häufig aus.

Falzbein: Legen Sie einen spitzen Gegenstand in Ihr Nähzeug, mit dem Sie Ecken beim Wenden herausschieben können. Es kann eine Stricknadel oder ein Essstäbchen sein. Ich verwende am liebsten ein Falzbein. Die Spitze ist fein genug, um kleine Ecken herauszuschieben, und so stumpf, dass der Stoff nicht aus Versehen durchstochen wird.

Nähmaschine: Für die Projekte in diesem Buch benötigen Sie nur eine einfache Nähmaschine. Diese werden in sehr vielen verschiedenen Ausführungen und Preisklassen angeboten. Testen Sie in Geschäften, mit welcher Sie am besten arbeiten können. Lesen Sie in der Gebrauchsanweisung nach, wie die Maschine gewartet werden muss. Reinigen und ölen Sie die Nähmaschine regelmäßig, dann hält auch eine einfache Maschine viele Jahre. Weitere Informationen siehe Seite 14.

Nähmaschinennadeln: Ich muss zugeben, ich habe viele Jahre nicht gewusst, wie wichtig es ist, die Nähmaschinennadel zu wechseln. Ich weiß es jetzt besser und verwende immer die zum Stoff passende Nähmaschinennadel. Kaufen Sie Nähmaschinennadeln in verschiedenen Stärken; auf der Packung steht, für welchen Stoff sie geeignet sind. Tauschen Sie die gebrauchte Nähmaschinennadel regelmäßig gegen eine neue, spitze Nadel aus.

ROLLSCHNEIDER
SCHNEIDEMATTE UND PATCHWORKLINEAL

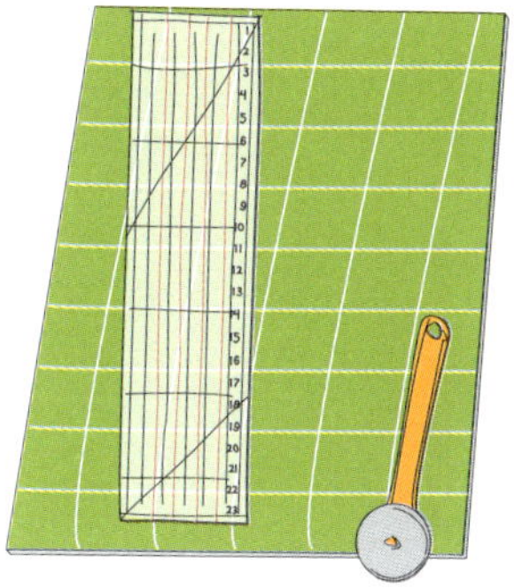

NAHTTRENNER

FALZBEIN

NÄHMASCHINE

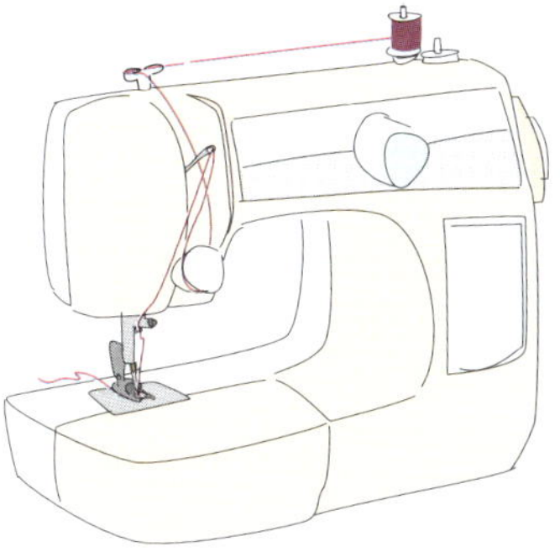

NÄHMASCHINENNADELN

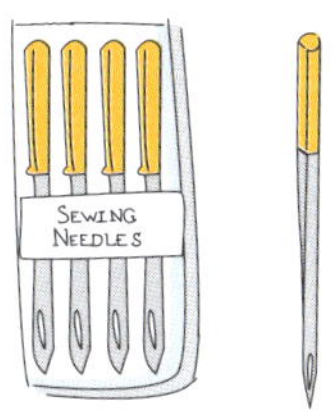

BÜGELEISEN

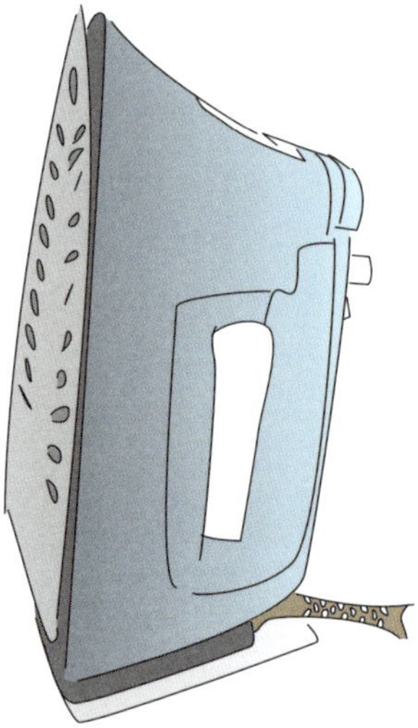

SPRÜHFLASCHE

BÜGELTUCH

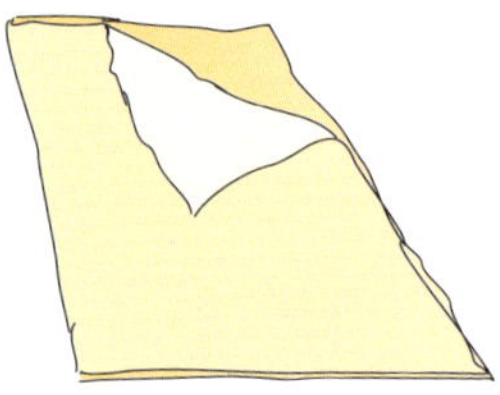

Bügeleisen: Ob Sie es glauben oder nicht, zum Nähen ist das Bügeleisen eines der wichtigsten Werkzeuge; vielleicht sogar das wichtigste. Egal, wie genau Sie messen, zuschneiden oder die Nähte schließen – wenn sie nicht glatt gebügelt sind, sehen sie unsauber aus. Erwerben Sie ein gutes Bügeleisen und bügeln Sie jede Naht sorgfältig mit Dampf. (Ich empfehle sogar, Steppnähte zu bügeln, Garn und Stoff werden dadurch geglättet und die Naht sieht sauberer aus.)

Sprühflasche und Bügeltuch: An meinem Bügelplatz steht eine Sprühflasche mit Wasser, und es liegt ein Bügeltuch bereit, einfach ein Stück Nessel. Stoffe lassen sich glatter bügeln, wenn sie zunächst mit etwas Wasser eingesprüht werden, vor allem widerspenstige Stoffe. Wenn Sie ein Bügeltuch auf den Stoff legen, wird der Stoff nicht zu heiß und es entstehen keine Glanzstellen durch das Bügeleisen.

Nähplatz: Zum Nähen braucht man Platz, um etwas auszubreiten und daran zu arbeiten. Wenn Sie das Glück haben, eine Nähecke einrichten zu können, sind Sie voll ausgestattet. Ein großer, stabiler Tisch (beispielsweise ein alter Esstisch) zum Zuschneiden und für die Nähmaschine, außerdem ein paar Schubladen und Regale für das Zubehör sind ideal.

Sie können keinen speziellen Nähplatz einrichten ? – Kein Grund zum Verzweifeln. (Ich besitze auch keinen und habe trotzdem ein Nähbuch geschrieben!) Alles, was Sie benötigen, ist ein Tisch, den Sie ab und zu nutzen können, und ein bisschen Ordnung. Bewahren Sie Ihre Nähausstattung gut sortiert in einem Kunststoffbehälter auf, den Sie leicht von einem Raum in einen anderen transportieren können. Stellen Sie diese Box und Ihre Nähmaschine an eine gut zugängliche Stelle.

GERADE NÄHEN: MIT DER HAND

Wenn Sie es kaum erwarten können, mit Stoffen kreativ zu werden, benötigen Sie nicht einmal eine Nähmaschine. Nähen Sie einfach mit der Hand! Es ist vielleicht etwas zeitaufwendig, hat aber eine meditative Wirkung. Fast jedes Projekt in diesem Buch lässt sich so fertigen, Sie benötigen nur eine Handnähnadel, Allzweckgarn und eine scharfe Schere.

Nadel einfädeln: Schneiden Sie einen etwa 40 cm langen Faden ab und schieben Sie ein Ende durch die Öse in der Nadel. Verknoten Sie ein Fadenende, wenn Sie mit einfachem Faden nähen möchten. Knoten Sie die beiden Enden zusammen, wenn Sie mit doppeltem Faden nähen möchten. (Abbildung 1)

EINFACHE HANDSTICHE

Die meisten Nähte werden geschlossen, indem rechte Stoffseiten mit den Kanten bündig aufeinander gelegt werden. Stecken Sie die Lagen zunächst fest, damit sie beim Nähen nicht verrutschen. Zu Beginn einer Naht mit der Nadel von hinten nach vorne einstechen.

Der Steppstich (Rückstich) ergibt eine stabile Naht und eignet sich für die meisten Näharbeiten am besten. Bei jedem Stich stechen Sie einen zurück ein, dann zwei Stiche voraus wieder aus.

Der Vorstich ergibt eine weniger stabile Naht als der Steppstich. Der Faden wird in eine Richtung immer abwechselnd nach vorne und hinten eingezogen.

Der Heftstich ist ein etwa 1 cm langer Vorstich, mit dem Stofflagen vor der festen Naht vorläufig zusammengehalten werden.

Der Überwendlichstich bildet Schlaufen und wird zum Schließen und Säumen verwendet. Etwa 5 mm neben den Kanten stets von vorne nach hinten durch die Lagen stechen, der Faden legt sich um die Stoffkanten.

> **TIPP**
>
> Probleme beim Einfädeln? Schneiden Sie das Fadenende mit einer scharfen Schere ab, befeuchten Sie es mit nassen Fingerspitzen und schieben es in das Nadelöhr. Wenn das nicht funktioniert, das Öhr ablecken. Es klingt verrückt, aber es klappt fast immer.

ABBILDUNG 1

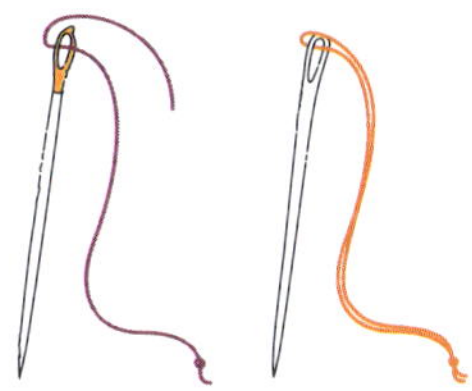

STEPPSTICH

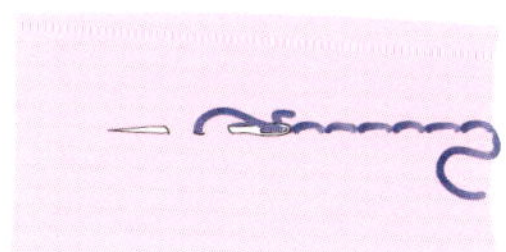

VORSTICH

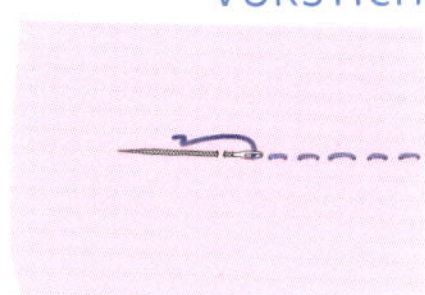

ÜBERWENDLICHSTICH

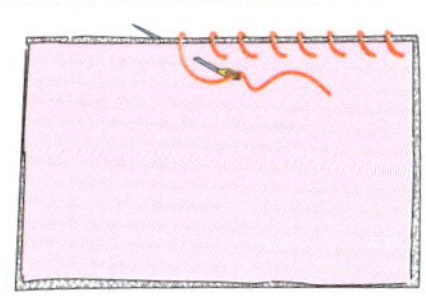

GERADE NÄHEN: MIT DER NÄHMASCHINE

Hier kommt die Millionenfrage: Was für eine Nähmaschine brauche ich? Ich bin ein großer Fan von Modellen ohne Schnickschnack. Manche Nähmaschinen heute sind sehr kompliziert. Nähanfängern rate ich zu günstigen Modellen oder solchen im mittleren Preissegment.

Sie können auch eine Nähmaschine ausleihen, bevor Sie sich eine eigene kaufen. Überall gibt es Leute, die eine Nähmaschine ungenutzt im Schrank stehen haben – fragen Sie herum und nähen Sie mit einer geborgten, bis Sie wissen, welche Sie selbst kaufen möchten. Wenn Sie nicht sicher sind, ob die geliehene Nähmaschine gut funktioniert, lassen Sie diese bei einer Reparaturwerkstatt begutachten oder überholen.

Wenn Sie keine Nähmaschine ausleihen können, gibt es in Ihrer Umgebung möglicherweise ein Geschäft, das Nähmaschinen vermietet. In manchen Städten bieten Handarbeitsgeschäfte an, einen Nähplatz oder sogar einen Zuschneideplatz stundenweise zu mieten – das kann auch eine gute Gelegenheit sein, Gleichgesinnte zu treffen, etwas Neues zu lernen, Schnitte zu tauschen und sich viele Anregungen zu holen.

Wenn Sie schließlich eine Nähmaschine kaufen möchten, können Sie beim Händler zunächst verschiedene Maschinen testen; darauf sind die Händler eingestellt. Seien Sie nicht zu zurückhaltend und testen Sie die verschiedenen Modelle, bis Sie genau die Richtige für Sie gefunden haben.

ERSTE SCHRITTE MIT DER NÄHMASCHINE

Eine gerade Naht ist das Einfachste, was man mit einer Nähmaschine nähen kann. Jedes Modell funktioniert anders, Sie müssen Ihre Nähmaschine daher erst kennen- und bedienen lernen. Dazu ist es wichtig, die Gebrauchsanweisung zu lesen. So lernen Sie die Funktionen der Nähmaschine kennen und können diese sinnvoll einsetzen.

Wenn Sie sich mit einer Nähmaschine nicht auskennen, rate ich Ihnen, einen Kurs bei einem Handarbeitsgeschäft zu machen oder sich von Freunden oder Verwandten eine Einführung geben zu lassen. Es ist eine Sache von nur wenigen Stunden, bis Sie die Grundlagen beherrschen und loslegen können. Versprochen!

EINFACHE MASCHINENNÄHTE

Hier die wichtigsten geraden Maschinennähte. Üben Sie diese Nähte mit verschiedenen Stichlängen auf Stoffresten, bis Sie sich sicher fühlen.

Die Steppnaht (Geradstich) ist die einfachste Maschinennaht. Diese verwenden Sie, wenn in einer Anleitung von Nähen oder Steppen die Rede ist. Sehen Sie in der Gebrauchsanleitung nach, welche Stichlänge für normale Nähte geeignet ist.

Verriegeln am Anfang und Ende einer Naht verhindert, dass die Naht wieder aufgeht. Nähen Sie ein paar Stiche vorwärts, drücken Sie dann auf die Rückwärtstaste (oder den Rückwärtshebel), damit der Stoff zurücktransportiert wird. Nähen Sie ein paar Stiche zurück, lassen Sie die Taste wieder los und nähen Sie normal weiter. Dieser Vorgang entspricht dem Verknoten beziehungsweise Vernähen beim Handnähen.

Absteppen bezeichnet eine auf der Außenseite sichtbare Steppnaht. Meist wird eine Kante zur Verstärkung oder als Zierde abgesteppt.

Eine Heftnaht ist eine lockere Steppnaht, mit der Stofflagen vor dem endgültigen Zusammennähen vorläufig zusammengehalten werden. Verwenden Sie dazu die größte Stichlänge Ihrer Nähmaschine. Verriegeln Sie die Naht am Anfang und Ende nicht, damit die Fäden leicht wieder herausgezogen werden können.

Die Zickzacknaht ist eine, wie der Name schon sagt, zickzackförmige Naht. Die meisten Nähmaschinen verfügen über einen Zickzackstich, der in seinem Abstand und seiner Breite variiert werden kann. Mit einer Zickzacknaht werden in der Regel Kanten versäubert, damit diese nicht ausfransen. Sie kann auch als Ziernaht eingesetzt werden.

STEPPNAHT

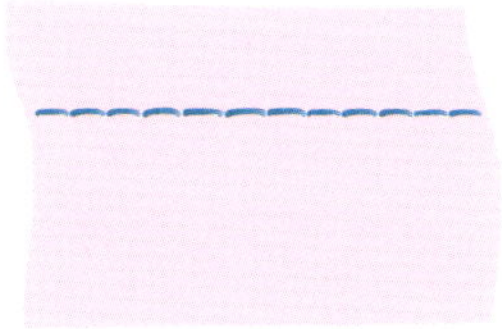

VERRIEGELN

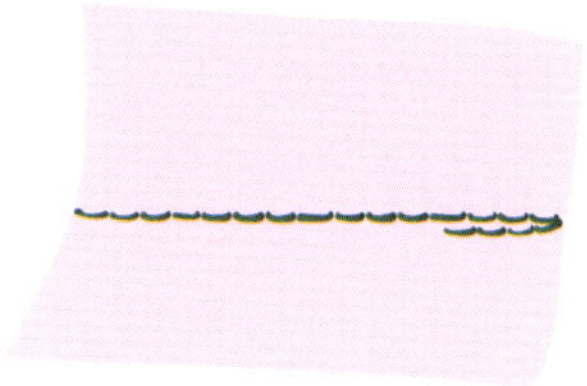

ABSTEPPEN

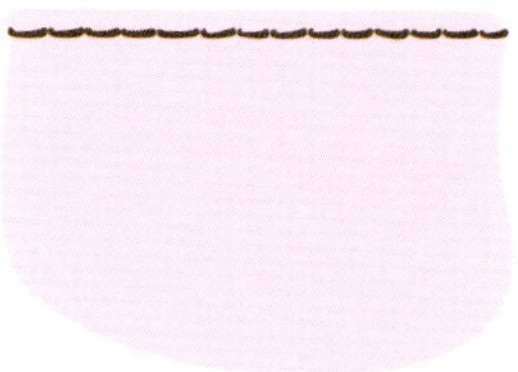

HEFTNAHT

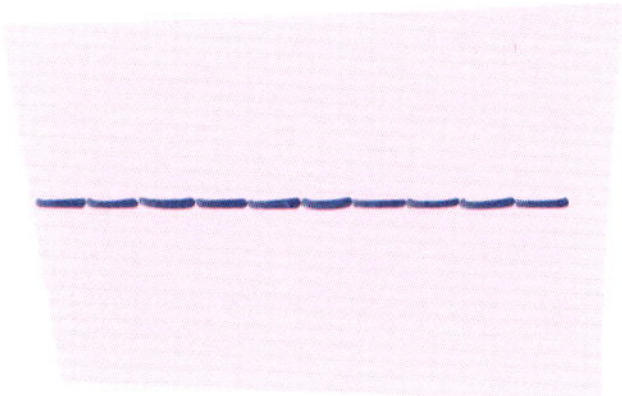

ZICKZACKNAHT

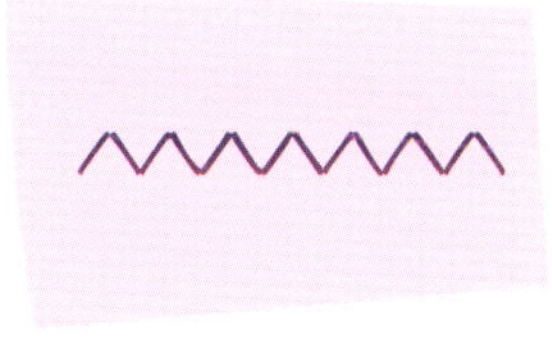

NÄH-EINMALEINS

Wenn Sie die folgenden Nähtechniken beherrschen, können Sie alle Projekte in diesem Buch nähen. Üben Sie neue Techniken zunächst mit Stoffresten und seien Sie sich nicht frustriert, wenn es nicht sofort richtig klappt. Dafür gibt es Nahttrenner.

RECHTS-LINKS-NAHT (FRANZÖSISCHE NAHT)

Eine Rechts-Links-Naht wird in zwei Schritten geschlossen; auch auf der linken Stoffseite sind anschließend keine offenen Kanten zu sehen. Es klingt etwas kompliziert, ist aber genauso leicht wie eine normale Naht, und Sie werden begeistert sein, wie professionell sie aussieht. Eine „5 mm breite Rechts-Links-Naht" ist als fertige Naht 5 mm breit, die entsprechende Nahtzugabe ist 1 cm. Und so geht's:

ABBILDUNG 1

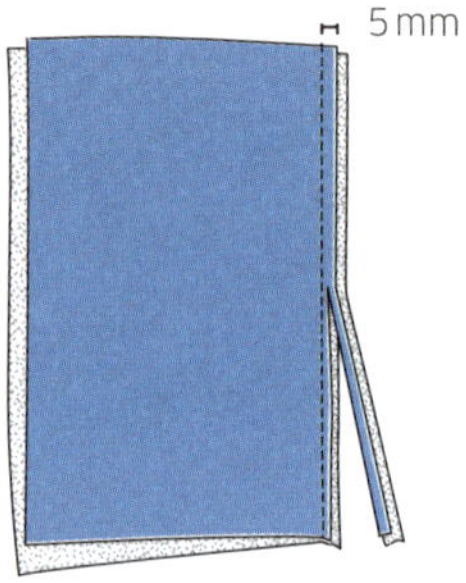

ABBILDUNG 2

ABBILDUNG 3

ABBILDUNG 4

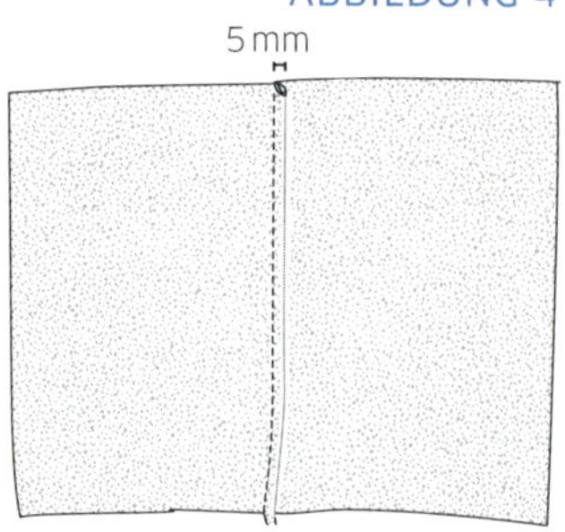

1. Stecken Sie zwei Stoffteile mit den linken Seiten und den Kanten bündig aneinander. (Ja, links auf links, vertrauen Sie mir, auch wenn Nähte normalerweise rechts auf rechts geschlossen werden!) Steppen Sie eine 5 mm breite Naht. Schneiden Sie die Nahtzugabe auf 3 mm zurück. (Abbildung 1)

2. Bügeln Sie die Nahtzugabe zu einer Seite und falten Sie die beiden Lagen entlang der Naht rechts auf rechts. Bügeln und stecken Sie den Bruch. (Abbildung 2)

3. Steppen Sie wieder eine 5 mm breite Naht und schließen Sie damit die erste Nahtzugabe (Schritt 2) ein. Die eingeschlossenen Nahtzugaben liegen auf der linken Stoffseite. (Abbildung 3)

4. Bügeln Sie die Nahtzugabe zu einer Seite, und schon ist Ihre wunderschöne Rechts-Links-Naht fertig! (Abbildung 4)

NAHTZUGABE ZURÜCKSCHNEIDEN

Wenn Sie zwei Lagen „verstürzen" (zusammennähen, um sie anschließend zu wenden), werden die Nahtzugaben an den Ecken vor dem Wenden „zurückgeschnitten". Schneiden Sie die Nahtzugaben einfach in einem 45-Grad-Winkel ab, allerdings nicht zu nah an der Naht. Wenn der Winkel sehr spitz ist oder bei dickem Stoff können Sie die Nahtzugaben zusätzlich auch rechts und links der Ecke zurückschneiden. Durch das Zurückschneiden wird die Ecke nach dem Wenden nicht zu dick und lässt sich exakt ausformen.

ZURÜCKGESCHNITTENE ECKE

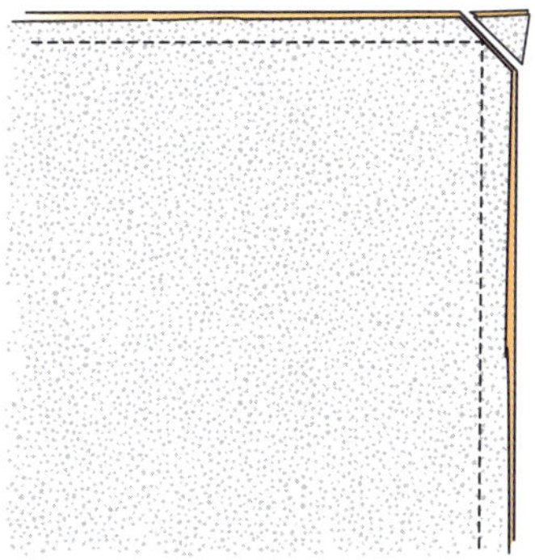

IM NAHTSCHATTEN STEPPEN

Wenn Sie aufgefordert werden, „im Nahtschatten" zu steppen, nähen Sie in einer bestehenden Naht und fassen eine darunter liegende Stofflage mit, beispielsweise ein Gummiband bei einem Bund. Senken Sie die Maschinennadel einfach genau in der bestehenden Naht ab und steppen Sie „im Schatten" dieser Naht.

IM NAHTSCHATTEN STEPPEN

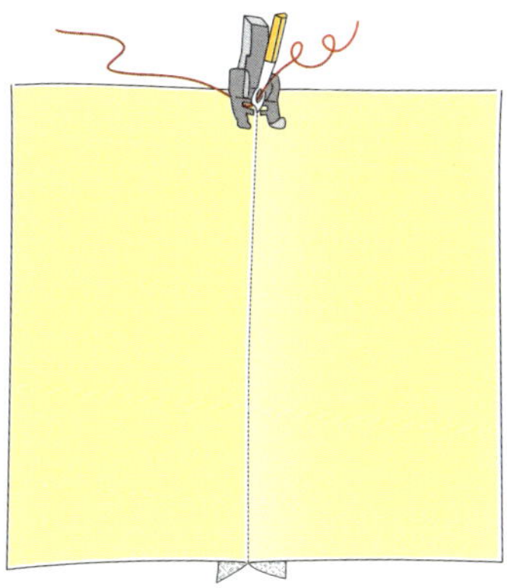

EINLAGE AUFBÜGELN

Damit der Stoff stabiler und steifer wird, wo dies erforderlich ist (bei Trägern und Knopflöchern beispielsweise), wird auf der linken Stoffseite eine Bügeleinlage aufgebügelt.

Schneiden Sie die Bügeleinlage in den angegebenen Maßen zu. Legen Sie den Stoff mit der linken Stoffseite nach oben auf das Bügelbrett und die Bügeleinlage mit der beschichteten Seite darauf. Stellen Sie die Temperatur nach den Herstellerangaben der Bügeleinlage ein und drücken Sie das Bügeleisen 5–10 Sekunden auf eine Stelle, heben Sie das Bügeleisen an und drücken Sie es auf die nächste Stelle. Fixieren Sie so nach und nach die gesamte Fläche. Überprüfen Sie, ob die Einlage haftet, und fixieren Sie Stellen, die nicht haften, erneut mit dem Bügeleisen und mit einem feuchten Bügeltuch.

EINLAGE AUFBÜGELN

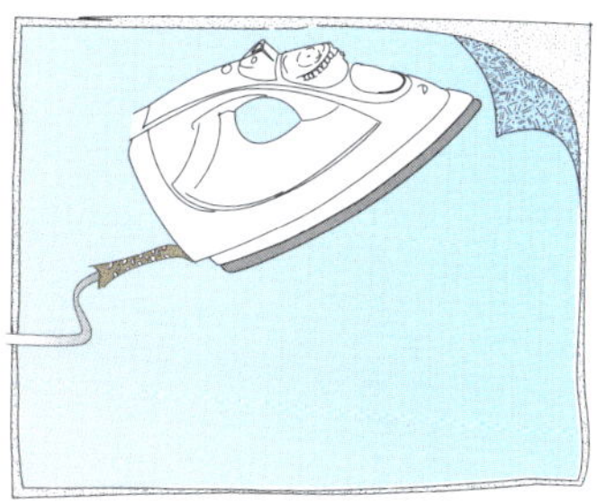

ABBILDUNG 1

ABBILDUNG 2

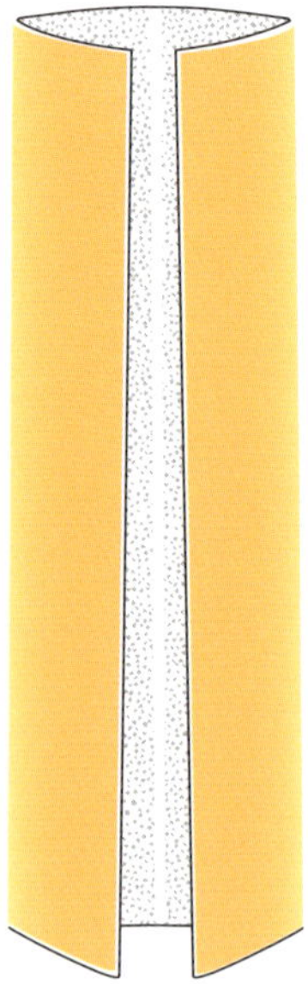

ABBILDUNG 3

ABBILDUNG 4

BAND FERTIGEN

Ein solches Band wird bei mehreren Projekten in diesem Buch benötigt. So wird es gefertigt:

1. Schneiden Sie einen Stoffstreifen mit der vierfachen fertigen Breite längs im Fadenlauf zu.
2. Bügeln Sie den Streifen links auf links längs auf die Hälfte. (Abbildung 1)
3. Falten Sie den Streifen mit der linken Seite nach oben auf und schlagen Sie die beiden Längskanten zur vorgefalzten Mitte um. (Abbildung 2) Bügeln.
4. Legen Sie den Streifen wieder in den ersten Mittelbruch, sodass die offenen Stoffkanten eingeschlossen sind, erneut bügeln. (Abbildung 3)
5. Steppen Sie das Band an beiden Längskanten knappkantig (etwa 2 mm neben der Kante) ab. (Abbildung 4)

STOFF-EINMALEINS

Bevor Sie Stoffe für Projekte kaufen, sollten Sie einige Stoffmerkmale und textile Fachbegriffe kennen.

Stoffbreite: Die Angaben zum Stoffverbrauch beziehen sich auf Stoffe und Volumeneinlagen mit 140 cm Breite und auf Bügeleinlagen mit 90 cm Breite, bei Patchworkstoffen auf 110 cm Stoffbreite. Stoffe werden allerdings in unterschiedlichen Stoffbreiten angeboten. Kalkulieren Sie gegebenenfalls für die Breite Ihres Stoffs anhand der Größe der Schnittteile den tatsächlichen Stoffverbrauch, damit Sie die richtige Stoffmenge kaufen.

Rechte Stoffseite bezeichnet die Seite des Stoffs, die beim fertigen Projekt außen sein soll. Die bedruckte Seite, das klarere Webmuster und der ansprechendere Glanz kennzeichnen die rechte Stoffseite.

Linke Stoffseite bezeichnet die Seite, die beim fertigen Projekt innen liegen soll.

VORWASCHEN

Wenn Sie einen waschbaren Stoff verarbeiten, sollten Sie diesen vorab waschen und trocknen, damit die Fasern vorschrumpfen. Wenn Sie diesen Schritt auslassen, läuft das fertige Projekt später gegebenenfalls ungleichmäßig ein und verliert die Passform.

FADENLAUF

Wenn Sie sich Webstoffe genau ansehen, erkennen Sie die längs ausgerichteten Kettfäden und die quer eingewebten Schussfäden.

Die Webkanten sind die beiden vom Schussfaden umschlossenen Längskanten des Stoffs. Der Faden wird fortlaufend abwechselnd von einer zur anderen Seite eingetragen.

Im Fadenlauf zuzuschneiden bedeutet, parallel zur Webkante zuzuschneiden. In Richtung der Kettfäden ist ein Stoff besonders stabil und dehnt sich am wenigsten aus. Schneiden Sie die Längenangaben im Fadenlauf zu.

Im Querfadenlauf zuzuschneiden bedeutet, in Richtung der Schussfäden zuzuschneiden. Quer zur Webkante ist ein Stoff dehnbarer als in Längsrichtung. Schneiden Sie die Breitenangaben im Querfadenlauf zu.

Im Schrägfadenlauf zuzuschneiden bedeutet, im 45-Grad-Winkel zum Fadenlauf zuzuschneiden. Diagonal zu den Kett- und Schussfäden ist ein Stoff besonders dehnbar.

GROSSE SCHNITTTEILE ZUSCHNEIDEN

Es ist nicht ganz einfach, große Schnittteile exakt zuzuschneiden. Orientieren Sie sich an der Webkante des Stoffs und schneiden Sie die erste Kante parallel dazu. Halten Sie sich für weitere Linien an die erste, damit die Schnitte rechtwinklig und parallel verlaufen.

Wenn Sie sehr große Schnittteile zuschneiden, falten Sie den Stoff quer und legen die Webkanten bündig aufeinander. Dann mehrere Lagen gleichzeitig zuschneiden.

Verwenden Sie eine Schneidematte und einen Rollschneider. Die aufgedruckten Linien erleichtern das gerade Zuschneiden.

Einfach schicke Mode

Sie denken, man braucht besonderes Können, um sich schicke Teile zu nähen? Ich sage Ihnen, das stimmt nicht! Viele einfache Modelle lassen sich – Sie ahnen es – mit ausschließlich geraden Nähten fertigen.

Das Geheimnis liegt in der Stoffwahl. Suchen Sie sich fließende Stoffe aus (Jersey oder zarte Stoffe), solche Stoffe verleihen auch dem einfachsten Schnitt **Eleganz.** Oder verwenden Sie **auffällig gemusterte Stoffe,** die ein ansonsten schlichtes Modell zum Hingucker machen.

Die **Modelle** sehen einfach **gut aus** und Sie **lernen** viel dabei. Nehmen Sie sich als Anfänger zunächst den „Ruckzuck-Rock" oder das Kleid „Geschickt gesmokt" vor (beide bestehen einfach aus einem Schlauch, der an den richtigen Stellen mit Gummiband zusammengezogen ist) oder „Ein Gürtel in 60 Sekunden" – er ist das Projekt **für den schnellen Erfolg!**

Nähen Sie die „Leichte, luftige Bluse", wenn Sie sich mit zarten durchscheinenden Stoffen vertraut machen möchten, und nehmen Sie sich das leichte Projekt „Mein erster Jersey-Cardigan" vor, wenn Sie noch nie mit Maschenware gearbeitet haben. **Probieren Sie** „Cooler Shopper" und lernen Sie dabei die Grundlagen der Taschenherstellung, oder fertigen Sie „Kreuz und quer gesteppt", einen auffälligen Gürtel, der sich sehr leicht **individuell gestalten** lässt.

Als Herausforderung empfehle ich das „Origami-Kleid", ein nettes weites Teil mit einem edlen Faltbesatz. Mit der kleinen **Nähschule** „Das rockt" lernen Sie alles über einen gut sitzenden Bund, Falten und Knopflöcher.

Alle Modelle können Sie **nach Ihren Maßen fertigen,** sie sitzen anschließend wie angegossen. Nehmen Sie als Erstes Ihre Maße (oder besser: Lassen Sie jemanden Ihre Maße nehmen) und schreiben Sie diese auf. Wenn Sie bei einem Projekt unsicher sind, nähen Sie zunächst ein Probeteil aus Nessel, gewinnen Sie damit **Sicherheit** beim Zuschneiden und Nähen und verfeinern Sie Größe und Passform.

Klingt nach Spaß? Ist es auch! Und ich verspreche Ihnen, eigene Kleidung zu nähen ist einfacher, als Sie denken. **Fangen wir an!**

RUCKZUCK-**ROCK**

Wenn Sie sehen, wie leicht und schnell Sie einen bequemen Rock schneidern können, werden Sie ein solches Basisteil nie mehr von der Stange kaufen wollen. Ein Meter Stoff und eine Stunde Zeit, und Sie fertigen sich ein fantastisches kleines Teil, das wie ein teures Designer-Modell aussieht. Diesen Schnitt können Sie leicht für verschiedene Looks abwandeln – mit einem schmaleren Gummiband, als längerer Rock oder weniger stark gekräuselt – wie Sie mögen.

FERTIGE MASSE

Breite: Nach Ihren Maßen
Länge: 45,5 cm

MATERIAL

» Nähausstattung (Seite 9)
» Etwa 60 cm mittelschwerer Stoff (siehe Hinweis)
» 40 mm breites Gummiband (in der Länge Ihrer Taillenweite)
» Eine große Sicherheitsnadel

STOFFEMPFEHLUNG

Ich habe diesen Rock aus einem Baumwoll-Leinen-Mischgewebe genäht, der Stoff ist weich und fällt schön. Für dieses Projekt ist fast jeder leichte oder mittelschwere Stoff geeignet. Es hängt von der Stoffstruktur ab, ob der Rock anschließend fließend oder steifer fällt.

HINWEIS

Dieses Modell wird nach Ihren Maßen gefertigt. Der genaue Stoffverbrauch ist daher individuell. Lesen Sie sich die gesamte Anleitung durch, nehmen Sie bei sich Maß (Schritt 1) und ermitteln Sie Ihren Stoffverbrauch. Kaufen Sie etwas mehr, wenn Sie sich nicht sicher sind.

ABBILDUNG 1

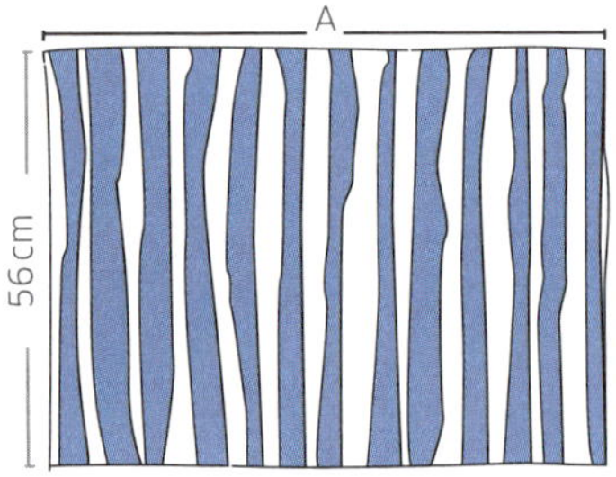

Vorderrock/Hinterrock (2×)

ABBILDUNG 2

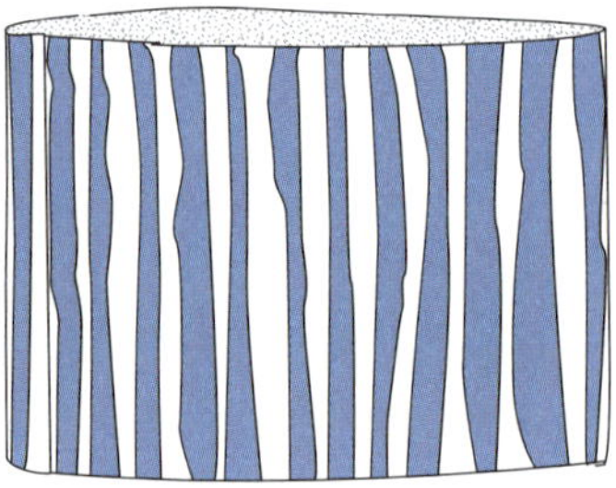

ABBILDUNG 3

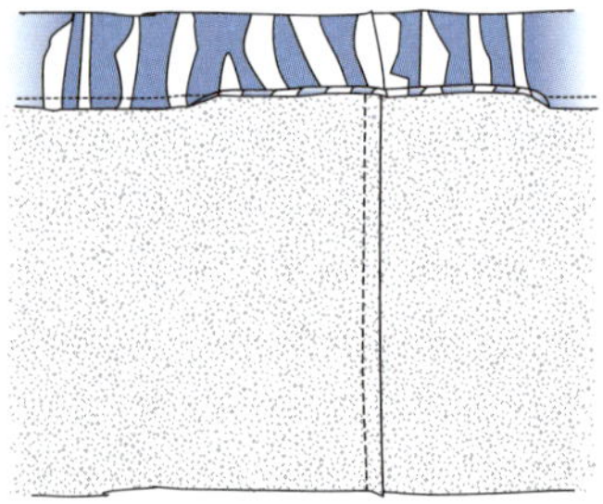

1. MESSEN UND ZUSCHNEIDEN

Stoff: Messen Sie für Maß A Ihre Hüftweite (18–21 cm unterhalb der Taille oder an der stärksten Stelle). Schneiden Sie zwei Rechtecke mit der Breite A und der Länge 56 cm zu. (Abbildung 1)

Gummiband: Messen Sie Ihre Taillenweite und schneiden Sie ein Stück Gummiband mit diesem Maß abzüglich 3 cm ab.

2. SEITENNÄHTE SCHLIESSEN

Stecken und nähen Sie Vorder- und Hinterrock an den 56 cm langen Kanten mit einer 5 mm breiten Rechts-Links-Naht (Seite 16) zusammen. (Abbildung 2)

3. TUNNEL FÜR DEN GUMMIBUND FERTIGEN

Bügeln Sie die Oberkante 1 cm nach links um. Schlagen Sie die Bruchkante 4,5 cm um. Bügeln und stecken Sie den Tunnel. Steppen Sie die innere umgebügelte Kante knappkantig auf, lassen Sie eine 10 cm breite Öffnung in der Tunnelnaht, neben einer der Seitennähte. (Abbildung 3)

4. ROCK SÄUMEN

Bügeln Sie den Rocksaum 1 cm nach links um. Schlagen Sie die umgebügelte Kante 4 cm um. Bügeln und stecken Sie den Saum. Steppen Sie die obere umgebügelte Kante knappkantig auf.

5. GUMMIBUND FERTIGSTELLEN

Befestigen Sie eine Sicherheitsnadel an einem Ende des Gummibands und ziehen Sie das Gummiband in den Tunnel ein. Achten Sie darauf, dass sich das Gummiband dabei nicht verdreht. Legen Sie die Enden des Gummibands 1 cm überlappend, wenn Sie mit der Sicherheitsnadel wieder am Anfang angekommen sind. Nähen Sie die Enden mit einer Steppnaht (Seite 15) zusammen und verriegeln (Seite 15) Sie dabei Anfang und Ende der Naht. Schieben Sie die verbundenen Bandenden in den Tunnel. Steppen Sie die Öffnung im Tunnel zu.

Verteilen Sie die Rockfältchen gleichmäßig. Steppen Sie anschließend das Gummiband an den Seitennähten im Nahtschatten (Seite 17) fest.

EIGENES DESIGN

Sie können diesen Schnitt nach Ihren Vorstellungen verändern und individuelle Modelle kreieren. Hier einige Vorschläge:

* Wenn Sie einen schmalen Bund bevorzugen, verwenden Sie ein schmaleres Gummiband und passen den Tunnel entsprechend an. (Den Tunnel 5 mm breiter als das Gummiband fertigen.)
* Dieser Rock ist von der Taille bis zum Saum 45,5 cm lang. Länger oder kürzer (wenn Sie sich trauen!) lässt sich der Rock gestalten, indem Sie bei Schritt 1 das Längenmaß verändern. (Achten Sie darauf, dass Sie für einen längeren Rock gegebenenfalls mehr Stoff benötigen.)
* Die Wirkung dieses Rocks hängt sehr stark von der Stoffwahl ab. Ein sehr leichter, fließender Stoff ergibt eine weiche Optik. Wenn Sie eine aufgebauschte Silhouette wünschen, wählen Sie einen steifen Stoff, beispielsweise Taft.

KREUZ UND QUER **GESTEPPT**

Ein kreativer Gürtel für den Selbstgemacht-Look. Diesen Gürtel mit wilden Stepplinien zu verzieren, ist einfach und macht Spaß. Einen anderen Look erzielen Sie mit einem gemusterten Stoff und weniger Stepplinien. Dieser Gürtel ist aus weichem Stoff gefertigt und den ganzen Tag bequem, auch am Schreibtisch. Dennoch fällt er ins Auge, das gefällt mir daran. Was bezaubernd und bequem ist, hat es als Star in dieses Buch geschafft!

FERTIGE MASSE

Breite: 5 cm
Länge: Nach Ihren Maßen

MATERIAL

- Nähausstattung (Seite 9)
- 20 cm mittelschwerer einfarbiger Baumwollstoff
- 10 cm mittelschwere Volumeneinlage
- Zum Stoff passendes Allzweckgarn
- Kontrastfarbiges Allzweckgarn (in zwei Farben)
- Schiebeschnalle mit einer 5 cm breiten Öffnung und Mittelsteg

STOFFEMPFEHLUNG

Für diesen Gürtel eignen sich besonders Baumwollstoffe in Patchworkqualität. Fast jeder mittelschwere Webstoff ist ebenfalls geeignet.

DIE RICHTIGE GÜRTELSCHNALLE

Wo finde ich die passende Stegschnalle? Ich habe diese in dem fantastischen M&J-Trimming-Laden in New York ausgesucht (mjtrim.com). Sie finden Stegschnallen bei Nähzubehör (Kurzwaren), doch schauen Sie sich vor allem in Gebrauchtwarenläden und auf Flohmärkten um. Vielleicht finden Sie einen Gürtel und können die Schnalle wiederverwenden. Auf Etsy.com oder Dawanda.de werden ebenfalls schöne Schnallen angeboten.

1. MESSEN UND ZUSCHNEIDEN

Nehmen Sie Ihr Taillenmaß. Geben Sie für Maß A Ihrem Taillenmaß 25,5 cm zu.

Stoff: Schneiden Sie im Querfadenlauf mit 6 cm Breite und der Länge A zwei Stoffstreifen zu. (Wenn Ihr Stoff für A nicht breit genug ist, schneiden Sie vier Streifen zu und nähen jeweils zwei aneinander).

Volumeneinlage: Schneiden Sie einen Streifen Volumeneinlage in der Breite der Stoffstreifen und 10 cm kürzer zu.

2. GÜRTEL VERSTÜRZEN

Legen Sie die beiden Gürtelteile rechts auf rechts mit den Kanten bündig aufeinander. Legen Sie die Volumeneinlage an einem kurzen Ende an und als oberste Lage auf. Schneiden Sie das dreilagige Ende schräg zu (etwa in einem Winkel von 45 Grad). Stecken Sie die drei Lagen zusammen.

Verstürzen Sie den Gürtel mit einem farblich passenden Nähgarn an drei Kanten mit einer 5 mm breiten Naht. Lassen Sie die gerade kurze Kante offen. (Abbildung 1)

ABBILDUNG 1

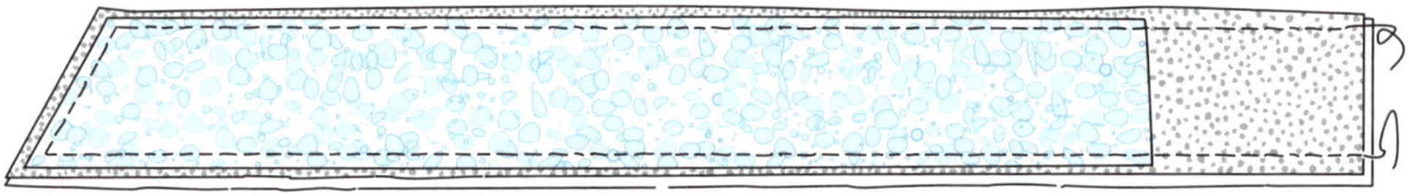

Schneiden Sie die Nahtzugaben gleichmäßig auf etwa 3 mm zurück. Auch die Nahtzugaben an den Ecken (Seite 17). Wenden Sie den Gürtel, die rechten Stoffseiten liegen jetzt außen und die Volumeneinlage innen. Schieben Sie die Ecken vorsichtig mit einem spitzen Gegenstand heraus.

Bügeln Sie den Gürtel sorgfältig, schieben Sie die Nahtzugaben dabei mit den Fingern glatt auseinander.

Schieben Sie die Nahtzugaben (5 mm) an der offenen Kante nach innen. Bügeln Sie den Gürtel. Steppen Sie die offene Kante schmalkantig ab (Seite 15).

3. GÜRTEL MIT STEPPLINIEN VERZIEREN

Stellen Sie die Stichlänge an Ihrer Nähmaschine auf 3 mm ein. Fädeln Sie kontrastfarbiges Garn ein und wählen Sie einen Geradstich. Steppen Sie den Gürtel von einem Ende bis zum anderen mit freien Zickzacklinien ab. Steppen Sie vier Mal mit der einen Garnfarbe, abwechselnd mit spitzen und stumpfen Winkeln. Steppen Sie den Gürtel anschließend einmal mit einer anderen Farbe in Zickzacklinien ab. (Abbildung 2)

4. SCHNALLE BEFESTIGEN

Ziehen Sie die Schnalle am geraden Gürtelende auf, schlagen Sie das Ende um den Steg und nähen Sie es 2,5 cm neben dem Steg mit einem Überwendlichstich (Seite 13) mit der Hand am Gürtel fest.

PERFEKT CHAOTISCH

Es ist manchmal nicht so einfach, etwas perfekt frei zu gestalten. Den unregelmäßigen Zickzackeffekt habe ich durch mehrere Zickzacknähte übereinander erzielt. Bei jedem Steppvorgang variierte ich die Winkel spontan und ebenso die Wendepunkte. Bei genauem Hinsehen erkennen Sie, dass ich manchmal fast bis zur Kante gesteppt und an anderer Stelle vorher gewendet habe. Das ist alles – lassen Sie also das Planen und steppen Sie einfach drauflos!

ABBILDUNG 2

GESCHICKT **GESMOKT**

Sie werden es nicht glauben, aber dieses Kleid ist in Nullkommanichts genäht. Die superleichte Technik heißt Smoken und verwandelt ein Rechteck im Handumdrehen in ein tailliertes, elegantes Kleid. Ein auffällig gemusterter Stoff, und in wenigen Stunden haben Sie Ihren großen Auftritt selbst genäht. Und wenn es nicht trägerlos sein soll, kein Problem – Träger sind ebenfalls rasch angenäht.

FERTIGE MASSE

Nach Ihren Maßen

MATERIAL

Nähausstattung (Seite 9)

» Etwa 2,70 m leichter Baumwollstoff (siehe Hinweis)
» Elastisches Nähgarn

STOFFEMPFEHLUNG

Mit sehr leichten Baumwollstoffen, beispielsweise Voile, lässt sich die weiche, fließende Silhouette am besten erzielen.

HINWEIS

Dieses Modell wird nach Ihren Maßen gefertigt. Der genaue Stoffverbrauch ist daher individuell. Lesen Sie sich die gesamte Anleitung durch, nehmen Sie bei sich Maß (Schritt 1) und ermitteln Sie Ihren Stoffverbrauch. Kaufen Sie etwas mehr, wenn Sie sich nicht sicher sind.

ABBILDUNG 1

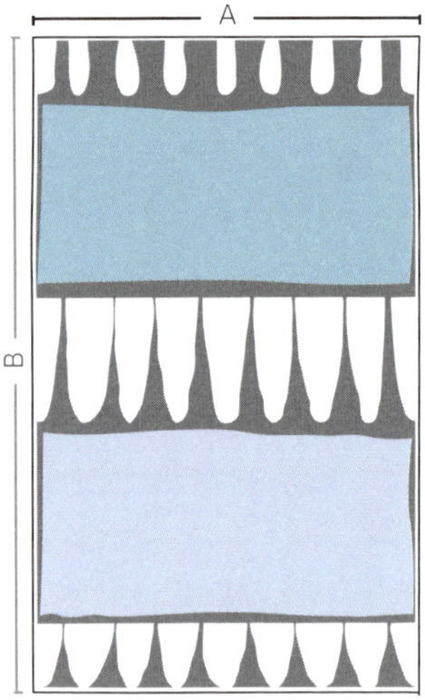

Vorderteil/Rückenteil (2×)

ABBILDUNG 2

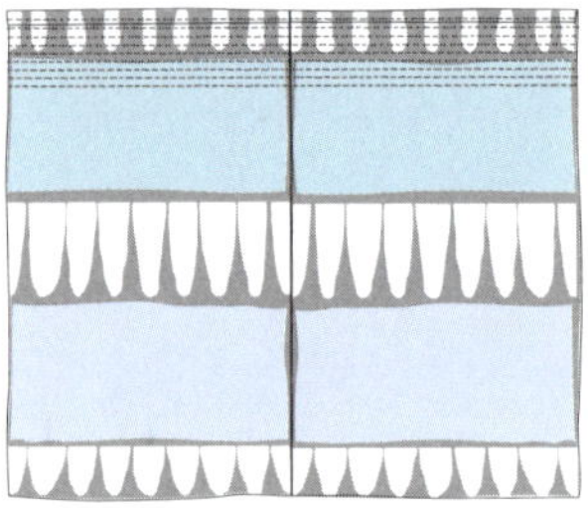

Smoknähte mit 2 cm Abstand steppen

TIPP

Wenn Sie den trägerlosen Stil nicht mögen, können Sie an der Innenseite der Oberkante Bänder festnähen oder aus dem Kleidstoff Träger fertigen (Seite 18).

1. MESSEN UND ZUSCHNEIDEN

Brustweite: Messen Sie Ihren Brustumfang und geben Sie für Maß A 2 cm zu.

Kleidlänge: Messen Sie Ihre Wunschlänge und geben Sie für Maß B 5,5 cm zu.

Schneiden Sie zwei Rechtecke mit der Breite A und der Länge B zu. (Abbildung 1)

2. EINE SEITENNAHT SCHLIESSEN

Nähen Sie Vorder- und Rückenteil an einer langen Kante mit einer etwa 5 mm breiten Rechts-Links-Naht (Seite 16) zu einem Rechteck aneinander. (Abbildung 2)

3. OBERKANTE SÄUMEN UND LINIEN ZIEHEN

Bügeln Sie die Oberkante 1 cm und dann die umgebügelte Kante noch einmal um 1 cm nach links um. Steppen Sie die innere umgebügelte Kante auf.

Legen Sie das Kleid mit der rechten Seite nach oben. Ziehen Sie mit Kreide oder einem selbstlöschenden Markierstift parallele Linien mit 2 cm Abstand. Beginnen Sie 2 cm unterhalb der Oberkante. Ziehen Sie die gewünschte Anzahl Smoklinien. Je mehr Smokreihen, desto anliegender wird das Oberteil. Bei dem abgebildeten Kleid wurden acht Linien gezogen. (Abbildung 2)

4. OBERTEIL SMOKEN

Wickeln Sie das Elastic-Garn mit der Hand auf eine leere Spule. Ziehen Sie das Garn beim Aufwickeln leicht an. Es muss nicht besonders ordentlich aufgewickelt sein, Knoten dürfen allerdings keine entstehen und das Garn sollte gleichmäßig in der Spule verteilt liegen. Setzen Sie die Spule wie gewohnt in Ihre Nähmaschine ein. Fädeln Sie als Oberfaden Allzweckgarn ein. Steppen Sie die vorgezeichneten Linien, bei der obersten angefangen, mit der rechten Stoffseite oben. Verriegeln Sie (Seite 15) Anfang und Ende jeder

Smoknaht. Das Elastic-Garn zieht den Stoff automatisch zusammen. Je mehr Reihen Sie steppen, desto stärker wird der Stoff gekräuselt. Ziehen Sie den Stoff an der Linie, die Sie steppen, flach auseinander. Dampfen Sie das Gesmokte von der rechten Seite, wenn alle Smokreihen gesteppt sind, damit sich die Fältchen lockern. Setzen Sie das Bügeleisen dabei nicht auf, sonst werden die Fältchen flachgedrückt.

ABBILDUNG 3

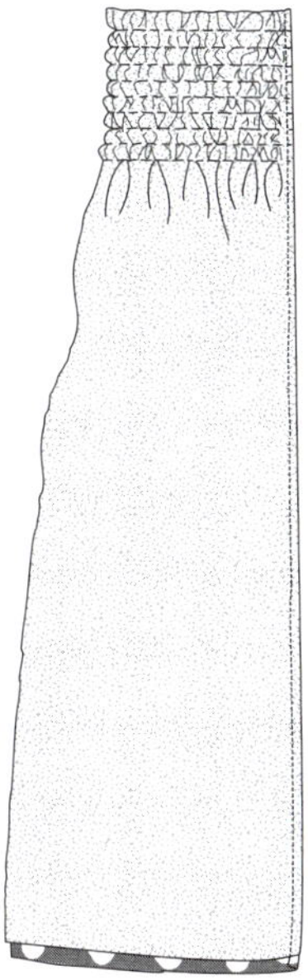

5. ZWEITE SEITENNAHT SCHLIESSEN

Schließen Sie die zweite Seitennaht mit einer 5 mm breiten Rechts-Links-Naht. Achten Sie dabei darauf, dass die beiden Lagen an Ober- und Unterkante sowie an den Smoknähten exakt aufeinander liegen.
(Abbildung 3)

6. KLEID SÄUMEN

Bügeln Sie die Saumkante 1 cm nach links um. Bügeln Sie die umgebügelte Kante 2,5 cm um. Steppen Sie die obere umgebügelte Kante schmalkantig auf.
(Abbildung 3)

EINFACH SCHMUCK

Gerade Teile legen sich geschmeidig an, Rüschen entstehen im Handumdrehen – einfach mit Elastic-Garn als Unterfaden.

Bei diesem Kleid können Sie das Oberteil bis direkt unterhalb der Brust smoken oder die Silhouette etwas strecken, indem Sie noch ein paar Smokreihen darunter steppen.

Üben Sie das Smoken mit Stoffresten, bis Sie sich sicher fühlen. Hier einige Tipps:

- Wickeln Sie das Elastic-Garn mit der Hand auf die Spule. Halten Sie den Gummifaden dabei straff, dehnen Sie ihn jedoch nicht.
- Zeichnen Sie die Smoklinien vor dem Steppen auf oder steppen Sie in einem bestimmten Abstand zur voherigen Naht.
- Verriegeln Sie Anfang und Ende jeder Smoknaht gut.
- Zunächst kräuselt sich der Stoff nur wenig, lassen Sie sich davon nicht beirren. Je mehr Smokreihen Sie steppen, desto stärker wird der Stoff zusammengezogen.
- Bauschen Sie die Fältchen anschließend unter Dampf auf; halten Sie das Bügeleisen dazu einige Zentimeter über dem Stoff.
- Diese Technik können Sie auch bei Ärmeln und Halsausschnitten anwenden.

LEICHTE, LUFTIGE **BLUSE**

Mit diesem Modell möchte ich zeigen, dass auch ein sehr schlichter Schnitt aus dem richtigen Stoff raffiniert aussieht. Ein feiner Seidenchiffon verwandelt ein kastiges Teil in eine fließende Silhouette. Das luftig, leichte Material verschleiert den schlichten Schnitt. Für die Verarbeitung von Chiffon ist etwas Fingerspitzengefühl erforderlich. Beginnen Sie mit diesem einfachen Modell, wenn Sie noch nie mit zarten Stoffen gearbeitet haben.

FERTIGE MASSE

Breite: Nach Ihren Maßen
Länge: 64 cm

MATERIAL

» Nähausstattung (Seite 9)
» Etwa 1,40 m Seiden- oder Polyester-Chiffon (siehe Hinweis)

HINWEIS

Dieses Modell wird nach Ihren Maßen gefertigt. Der genaue Stoffverbrauch ist daher individuell. Lesen Sie sich die gesamte Anleitung durch, nehmen Sie bei sich Maß (Schritt 1) und ermitteln Sie Ihren Stoffverbrauch. Kaufen Sie etwas mehr, wenn Sie sich nicht sicher sind.

CHIFFON VERARBEITEN

Wenn Sie zum ersten Mal mit Chiffon arbeiten, empfehle ich Ihnen, etwas mehr Stoff als nötig zu kaufen. Üben Sie mit dem restlichen Stoff das Zuschneiden, Nähen und Säumen – dann kann Ihnen bald keiner mehr etwas vormachen!

Bei zarten Stoffen wie Chiffon ist es nicht einfach, gerade Linien zu schneiden, sie lassen sich jedoch gut reißen. Üben Sie zunächst mit Stoffresten, bis Sie sich sicher fühlen. Sie schneiden den Stoff an der entsprechenden Stelle an der Kante ein und reißen ihn vom Einschnitt aus vorsichtig weiter. Das klingt gefährlicher, als es ist.

ABBILDUNG 1

Vorderteil/Rückenteil (2×)

ABBILDUNG 2

Ärmel (2×)

1. MESSEN UND ZUSCHNEIDEN

Vorder- und Rückenteil: Nehmen Sie bei sich Maß von einer Schulter zur anderen und geben Sie für Maß A 15 cm zu. Schneiden Sie zwei Rechtecke mit der Breite A und 66 cm Länge zu. (Sie können auch ein Rechteck mit Ihrer eigenen Wunschlänge zuschneiden. Die Länge ermitteln Sie, indem Sie diese von der Schulter aus abmessen und 2 cm Nahtzugabe addieren.) (Abbildung 1)

Ärmel: Schneiden Sie für die Ärmel zwei Rechtecke mit 66 cm Länge und 60 cm Breite zu. (Mit diesen Maßen entsteht ein sehr weiter Ärmel, Sie können auch nach Ihren Vorstellungen eine andere Ärmelweite konstruieren. Legen Sie dazu das Maßband locker um den Oberarm und ermitteln Sie Ihre Wunschweite, addieren Sie 2 cm Nahtzugabe.) (Abbildung 2)

2. SCHULTERNÄHTE SCHLIESSEN

Stecken Sie Vorder- und Rückenteil an den oberen Kanten bündig links auf links zusammen. Schließen ,Sie die Schulternähte mit einer 5 mm breiten Rechts-Links-Naht (Seite 16). Beginnen Sie jeweils an der Außenkante und steppen Sie eine 12,5 cm lange Naht. Die Mitte bleibt als Halsausschnitt offen. Bügeln Sie die Nahtzugaben zum Rückenteil. (Abbildung 3)

3. ÄRMEL ANNÄHEN

Legen Sie das Rumpfteil mit der linken Stoffseite nach oben auf eine Arbeitsfläche. Stecken Sie einen Ärmel mit der linken Stoffseite mittig auf eine Schulternaht, die 60 cm lange Kante ist bündig mit der Außenkante (Abbildung 4). Nähen Sie den Ärmel mit einer 5 mm breiten Rechts-Links-Naht an den Rumpf. Bügeln Sie die Nahtzugaben zum Ärmel. Nähen Sie den anderen Ärmel ebenso an.

4. SEITENNÄHTE SCHLIESSEN

Falten Sie die Bluse an den Schulternähten links auf links und legen Sie die Ärmel- und Seitenkanten bündig. Schließen Sie die Seitennähte von der Unterkante bis zur Ärmelkante und -nähte jeweils mit einer 5 mm breiten Rechts-Links-Naht. (Abbildung 5)

5. HALSAUSSCHNITT, ÄRMEL UND UNTERKANTE SÄUMEN

So fertigen Sie bei zarten Stoffen einen schmalen Saum: Steppen Sie die offene Kante zunächst 5 mm breit ab; bügeln Sie den Saum an dieser Naht nach innen um. (Abbildung 6)

Steppen Sie die Kante durch beide Lagen 3 mm breit ab. Schneiden Sie die Nahtzugabe so nah wie möglich an der zweiten Naht vorsichtig zurück. (Abbildung 7)

ABBILDUNG 3

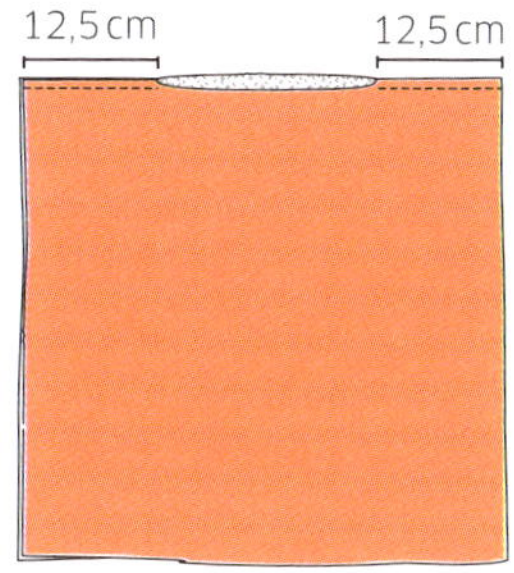

ABBILDUNG 4

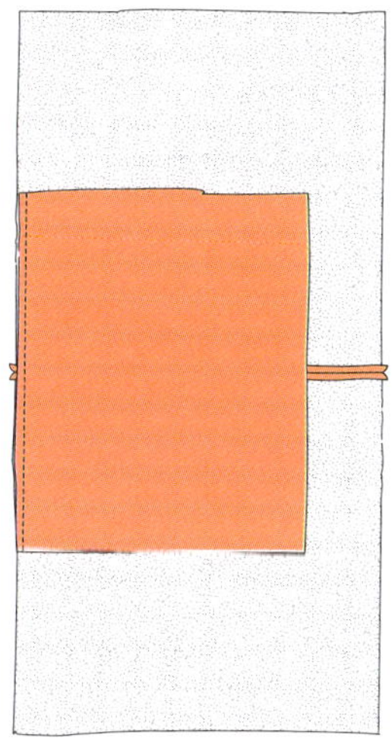

ABBILDUNG 5

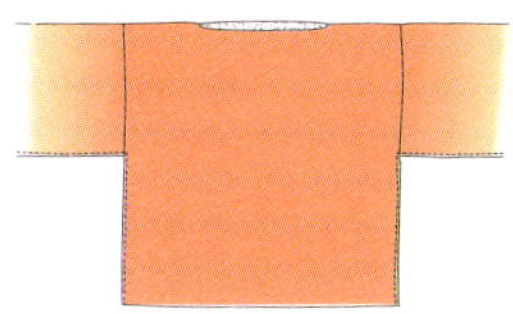

ABBILDUNG 6

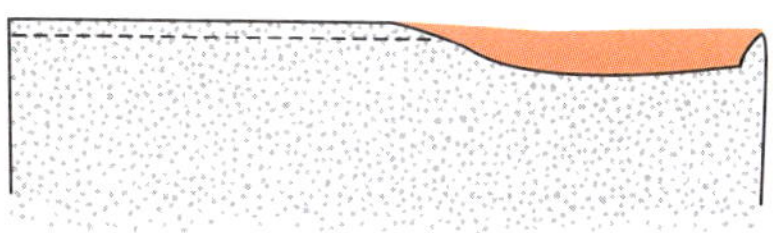

ABBILDUNG 7

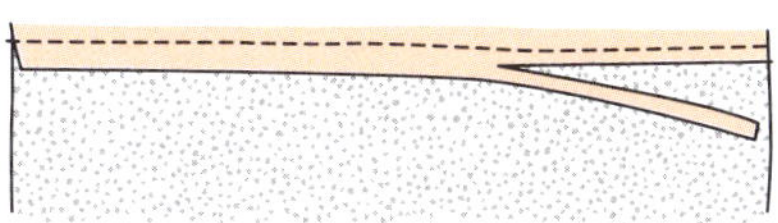

Bügeln Sie den Saum an der zweiten Naht um. Steppen Sie die obere umgebügelte Kante schmalkantig auf und bügeln Sie den Saum erneut. (Abbildung 8)

Säumen Sie Halsausschnitt und Unterkante nach der oben beschriebenen Methode. Probieren Sie die Bluse an und legen Sie die Ärmellänge fest. Achten Sie darauf, dass beide Ärmel gleich lang sind. Schneiden Sie die Ärmel gegebenenfalls 1 cm unterhalb der gewünschten Ärmellänge ab, und säumen Sie abschließend beide Ärmelkanten schmal.

ABBILDUNG 8

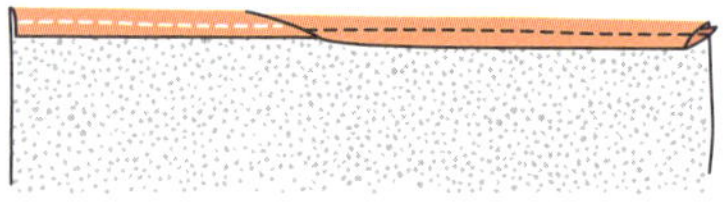

COOLER **SHOPPER**

COOLER **SHOPPER**

Hier in New York ist eine Schultertasche für jede Frau ein Muss. Ich gehe nie ohne Tasche aus dem Haus, und in meiner Handtasche ist Platz für Verpflegung, Makeup, ein Paar Schuhe zum Wechseln, Handarbeitszeug, Wasserflasche und wer weiß nicht alles. Puh – ich bin schon erschöpft, wenn ich daran denke, was wir alles mit uns herumschleppen; doch mit einem schönen Shopper lässt sich alles leichter (er)tragen.

FERTIGE MASSE

Breite: 50 cm
Länge: (ohne Träger): 40 cm

MATERIAL

- Nähausstattung (Seite 9)
- 90 cm schwerer Stoff (als Oberstoff)
- 90 cm mittelschwerer Stoff (als Futterstoff und für die Träger)
- 90 cm schwere Bügeleinlage
- 3,20 m Lurexborte, 1 cm breit
- Zu den Stoffen passendes Allzweckgarn
- Zu den Stoffen passendes kontrastfarbiges Allzweckgarn

STOFFEMPFEHLUNG

Canvas oder Segeltuch aus Baumwolle sind gute, stabile Taschenstoffe. Als Futterstoff empfehle ich mittelschwere Stoffe, beispielsweise Baumwollköper.

1. MESSEN UND ZUSCHNEIDEN

Hauptteil (Oberstoff und Futter): Schneiden Sie ein 82 × 52 cm großes Rechteck aus dem Oberstoff zu. Ermitteln Sie an den beiden langen Kanten die Mitte und schneiden Sie jeweils mittig ein 7,5 × 13 cm großes Rechteck heraus. Schneiden Sie ein entsprechendes Teil aus Bügeleinlage zu. (Abbildung 1)

Futterstoff: Schneiden Sie ein 66 × 52 cm großes Rechteck aus dem Futterstoff zu. Ermitteln Sie wie beim Oberstoff an den beiden langen Kanten die Mitte und schneiden Sie jeweils mittig ein 7,5 × 13 cm großes Rechteck heraus. (Abbildung 2)

Belege: Schneiden Sie aus dem Oberstoff und aus der Bügeleinlage jeweils zwei 10 × 52 cm große Teile zu.

Träger: Schneiden Sie aus dem Futterstoff und aus der Bügeleinlage jeweils zwei 14 × 75 cm große Teile zu. (Abbildung 2)

2. EINLAGE AUFBÜGELN

Bügeln Sie die Einlageteile auf die linke Seite der entsprechenden Oberstoff- und Futterteile (Seite 17).

ABBILDUNG 1

Hauptteil
Oberstoff (1 ×)
Bügeleinlage (1 ×)

ABBILDUNG 2

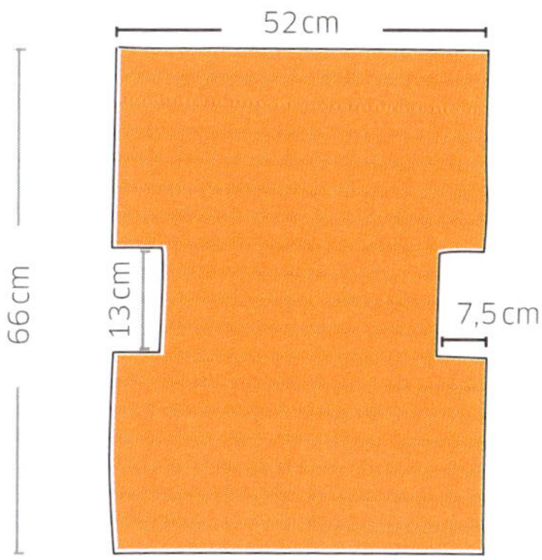

Futtertasche (1 ×)

ABBILDUNG 3

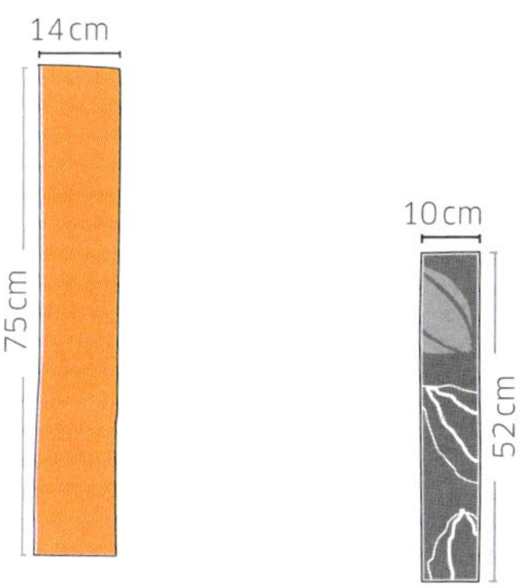

Träger
Futterstoff (2 ×)
Bügeleinlage (2 ×)

Belege
Oberstoff (2 ×)
Bügeleinlage (2 ×)

ABBILDUNG 4

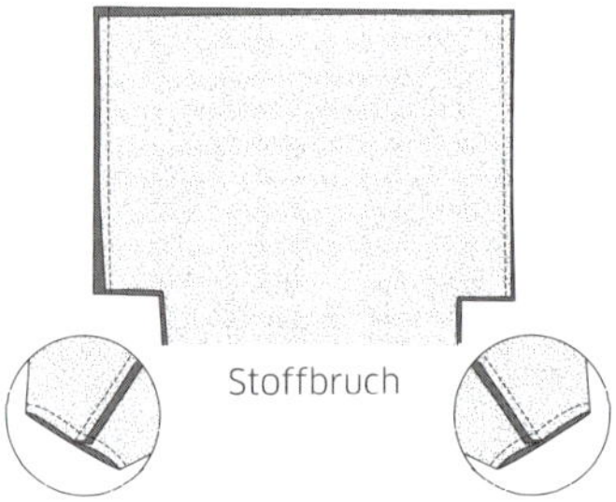

ABBILDUNG 5

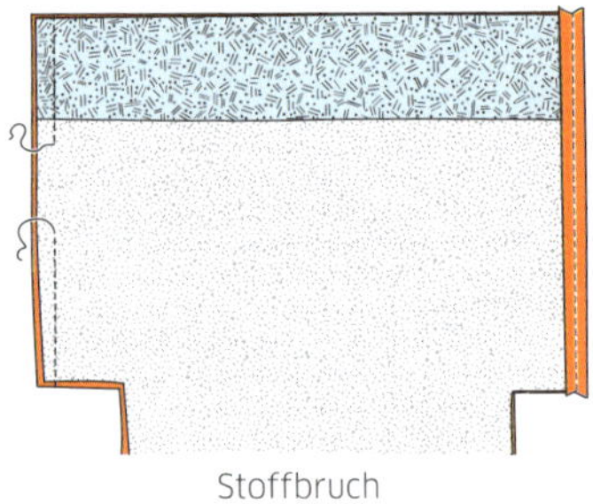

ABBILDUNG 6

3. OBERSTOFFTASCHE FERTIGEN

Stecken Sie die Oberstofftasche rechts auf rechts auf die Hälfte, an den kurzen Kanten bündig. Schließen Sie anschließend die Seitennähte mit einer 1 cm breiten Naht. (Abbildung 4) Bügeln Sie die Nahtzugaben auseinander. Stecken Sie die Bodenkanten mit der Seitennaht mittig aufeinander. Schließen Sie die seitliche Bodennaht 1 cm breit. (Detail in Abbildung 4) Schneiden Sie die Nahtzugaben zurück. Wenden Sie die Oberstofftasche und schieben Sie die Ecken mit einem spitzen Gegenstand heraus. Die Nähte bügeln.

4. BELEGE ANNÄHEN UND FUTTERTASCHE FERTIGEN

Stecken und nähen Sie jeweils einen Beleg rechts auf rechts mit einer 1 cm breiten Naht an die kurzen Kanten des Futters. Bügeln Sie die Nahtzugaben zum Beleg.

Legen Sie die Futtertasche rechts auf rechts zusammen mit den Belegkanten bündig auf die Hälfte und stecken Sie die Seitennähte. Schließen Sie die Seitennähte mit einer 1 cm breiten Naht und lassen Sie in der Mitte einer Seitennaht eine 15 cm große Öffnung. (Abbildung 5) Schließen Sie die Bodennaht, schneiden die Nahtzugabe zurück, wenden Sie die Futtertasche und bügeln die Nähte, siehe Oberstofftasche, Schritt 3.

5. OBERSTOFF UND FUTTER VERSTÜRZEN

Wenden Sie die Futtertasche wieder und schieben Sie die Oberstofftasche rechts auf rechts in die Futtertasche, an den Seitennähten und den Oberkanten bündig. Verstürzen Sie Futtertasche und Oberstofftasche an der Oberkante mit einer 1 cm breiten Naht. Wenden Sie die Tasche vorsichtig durch die Öffnung in der Seitennaht der Futtertasche.

Ziehen Sie die Futtertasche aus der Tasche und bügeln Sie die Nahtzugaben zum Beleg. Schieben Sie das Futter wieder in die Tasche und bügeln Sie die Versturznaht (Oberstoff und Beleg). Steppen Sie die Eingriffkante der Tasche 5 mm breit ab (Seite 15).

Schließen Sie die Öffnung in der Futternaht mit Überwendlichstich (Seite 13).

6. TRÄGER FERTIGEN

Fertigen Sie nach der Anleitung auf Seite 18 zwei Träger aus den bei Schritt 1 zugeschnittenen Teilen. Schneiden Sie vier 75 cm lange Stücke Lurexborte ab. Legen Sie zwei Lurexborten längs auf die rechte Seite eines Trägers, mit 5 mm Abstand von den Kanten und voneinander. Nähen Sie die Borten mit einem Zickzackstich (Seite 15) auf.

7. TRÄGER ANNÄHEN

Stecken Sie die Träger mit der rechten Seite nach außen auf die Tasche, 10 cm neben den Seitennähten und die Enden 5 cm unterhalb der Eingriffkante. Steppen Sie die Träger an den Seitenkanten im Nahtschatten der Absteppnaht auf die Tasche. Steppen Sie die Träger in der Mitte mit einer etwas kürzeren Naht fest.
(Abbildung 6)

Trägerkanten überdecken: Schneiden Sie vier 5 cm lange Stücke Lurexborte ab. Legen Sie je ein Stück Borte über die aufgesteppte Trägerkante und nähen Sie die Borte mit einem Zickzackstich fest.
(Detail in Abbildung 6)

ORIGAMI-**KLEID**

Gerade Nähte sind für Sie inzwischen ein Kinderspiel und Sie möchten eine erste kleine Herausforderung? Mit diesem weit geschnittenen Kleid setzen Sie eins drauf und lernen, mit meiner einfachen Lieblingsmethode einen Reißverschluss einzunähen. Mit dem edlen Faltbesatz in Origami-Optik könnte es direkt aus einer Designer-Boutique stammen. Es macht etwas her und ist mit einfachen Methoden zu fertigen. Nicht verpassen!

FERTIGE MASSE

Breite: Nach Ihren Maßen
Länge: 79 cm

MATERIAL

» Nähausstattung (Seite 9)
» Etwa 1,70 m Hauptstoff (hellviolett) (siehe Hinweis)
» 50 cm kontrastfarbiger Stoff (grau)
» 50 cm farblich abgestufter Stoff (dunkelviolett)
» Normaler Reißverschluss, 30 cm lang
» Haken und Öse
» Zum Stoff passendes farblich abgestuftes Allzweckgarn

STOFFEMPFEHLUNG

Bei diesem Kleid empfehle ich für den Hauptteil einen leichten Baumwollstoff oder ein leichtes Baumwoll-Mischgewebe. Mittelschwere Baumwollstoffe fallen nicht weich genug.

HINWEIS

Dieses Modell wird nach Ihren Maßen gefertigt. Der genaue Stoffverbrauch ist daher individuell. Lesen Sie sich die gesamte Anleitung durch, nehmen Sie bei sich Maß (Schritt 1) und ermitteln Sie Ihren Stoffverbrauch. Kaufen Sie etwas mehr, wenn Sie sich nicht sicher sind.

ABBILDUNG 1

Vorderteil/Rückenteil (2×)

ABBILDUNG 2

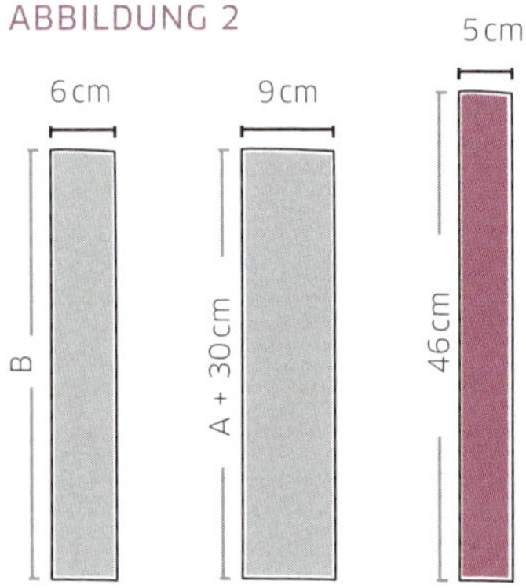

Passe (4×)   Origami-Besatz (3×)   Träger (2×)

ABBILDUNG 3

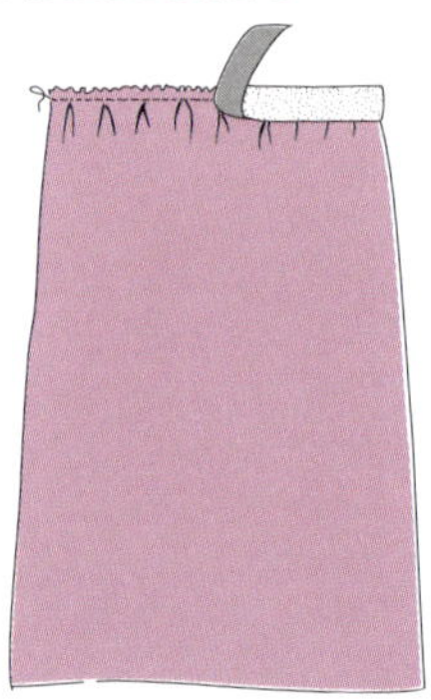

1. MESSEN UND ZUSCHNEIDEN

Vorderes und rückwärtiges Hauptteil: Messen Sie für Maß A Ihre Oberweite unter den Achseln (oberhalb der Brust). Schneiden Sie aus dem Hauptstoff (hellviolett) zwei Rechtecke mit der Breite A und der Länge 79 cm zu. (Abbildung 1)

Passe: Halbieren Sie Maß A und geben Sie für Maß B 2 cm zu. Schneiden Sie aus dem kontrastfarbigen (grauen) Stoff im Querfadenlauf vier Rechtecke mit der Länge B und der Breite 6 cm zu.

Origami-Besatz: Schneiden Sie aus dem kontrastfarbigen (grauen) Stoff im Querfadenlauf drei Rechtecke mit 9 cm Breite und mit der Länge A plus 30 cm zu.

Träger: Schneiden Sie aus dem farblich abgestuften (dunkelvioletten) Stoff zwei Rechtecke mit 5 cm Breite und 46 cm Länge zu. (Abbildung 2)

2. VORDERTEIL UND RÜCKENTEIL EINKRÄUSELN

Kräuseln Sie die Oberkante der beiden Hauptteile folgendermaßen: Steppen Sie eine 5 mm breite Heftnaht (Seite 15) an der Oberkante von Vorder- und Rückenteil. Ziehen Sie die Oberkanten am Unterfaden auf Maß B zusammen. Die Fältchen gleichmäßig verteilen. (Abbildung 3)

3. PASSE ANNÄHEN

Stecken und nähen Sie je ein Passeteil mit einer 1 cm breiten Naht rechts auf rechts an die eingekräuselten Kanten von Vorder- und Rückenteil. (Abbildung 3) Schneiden Sie nur die Nahtzugabe der Hauptteile (nicht der Passeteile) zurück und bügeln Sie die Nahtzugaben zur Passe.

4. MITTE MARKIEREN

Falten Sie das vordere und rückwärtige Passeteil jeweils links auf links auf die Hälfte und kennzeichnen Sie die vordere und hintere Mitte mit einer Stecknadel oder einem Markierstift. (Diese Stellen werden bei Schritt 7 zum Positionieren der Träger benötigt.)

5. RECHTE SEITENNAHT SCHLIESSEN

Stecken und schließen Sie die rechte Seitennaht 1 cm breit rechts auf rechts. (Die linke Seitennaht wird bei Schritt 10 geschlossen.) Bügeln Sie anschließend die Nahtzugaben auseinander.

6. TRÄGER FERTIGEN

Fertigen Sie nach der Anleitung auf Seite 18 zwei Träger aus den bei Schritt 1 zugeschnittenen Teilen.

7. TRÄGER ANNÄHEN

Stecken Sie jeweils ein Trägerende 12 cm neben der vorderen Mitte rechts auf rechts an die Passe. (Die Träger liegen 24 cm auseinander.) Stecken Sie die anderen Trägerenden entsprechend an die rückwärtige Passe. (Abbildung 4)

Probieren Sie das Kleid an. Überprüfen Sie die Position und Länge der Träger und passen Sie diese gegebenenfalls an. Nähen Sie die Träger 5 mm breit an die Passeteile, rechts auf rechts und mit den offenen Kanten bündig.

8. PASSEBELEG STÜCKELN

Stecken und nähen Sie die beiden restlichen Passeteile als Beleg rechts auf rechts mit einer 1 cm breiten Naht an einem kurzen Ende zusammen. Bügeln Sie die Nahtzugaben auseinander. Bügeln Sie eine lange Kante 1 cm um.

9. BELEG ANNÄHEN

Stecken Sie die nicht umgebügelte Belegkante rechts auf rechts an die Oberkante der Passe. Nähen Sie den Beleg mit einer 1 cm breiten Naht an. Bügeln Sie die Nahtzugaben zum Beleg.

ABBILDUNG 4

ABBILDUNG 5

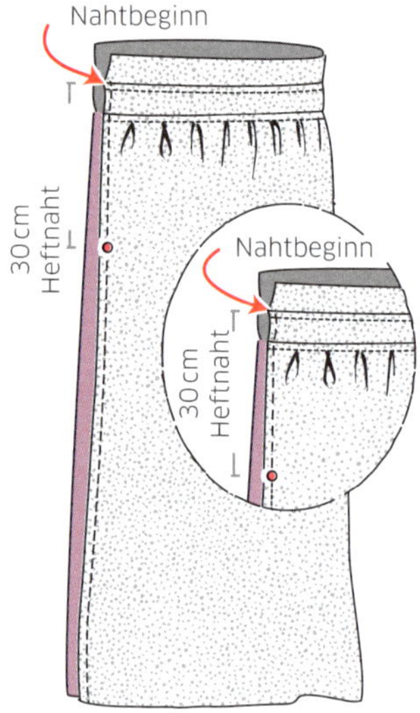

ABBILDUNG 6

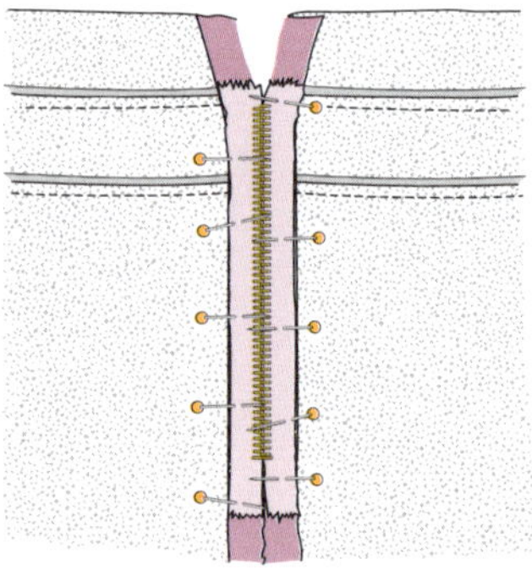

ABBILDUNG 7

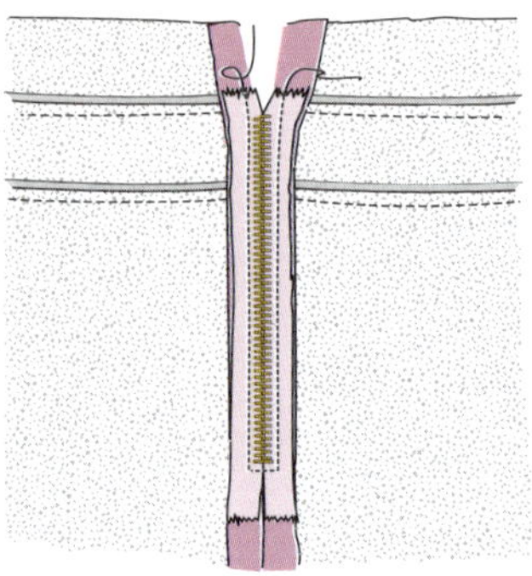

10. LINKE SEITENNAHT SCHLIESSEN

Stecken Sie die andere Seitennaht rechts auf rechts, an den offenen Kanten bündig. Steppen Sie eine 30 cm lange und 1 cm breite Heftnaht. Beginnen Sie die Naht an der Belegnaht (nicht an der Oberkante). Wählen Sie danach eine normale Stichlänge, verriegeln Sie die Naht und schließen Sie die restliche Seitennaht. Bügeln Sie die Nahtzugaben auseinander. (Abbildung 5)

11. REISSVERSCHLUSS EINNÄHEN

(Siehe „Keine Angst vor Reißverschlüssen", Seite 50.) Legen Sie das Kleid und den Reißverschluss mit den linken Seiten nach oben an der linken Seitennaht übereinander, die Reißverschlussmitte auf die Seitennaht. Stecken Sie den Reißverschluss fest. (Abbildung 6)

Setzen Sie einen Reißverschlussfuß ein. Steppen Sie auf einer Seite an den Reißverschlusskrampen entlang. Wenden Sie am Reißverschlussende und steppen Sie quer. Wenden Sie wieder und steppen Sie an der anderen Seite nach oben. (Abbildung 7)

Legen Sie den Reißverschluss frei, indem Sie von der rechten Seite mit einem Nahttrenner vorsichtig die Heftnaht auftrennen.

12. ORIGAMI-BESATZ FERTIGEN

Stückeln Sie die drei Besatzstreifen an den kurzen Kanten rechts auf rechts 5 mm breit. Bügeln Sie die Nahtzugaben auseinander.

Besatz verstürzen: Stecken Sie den Besatz rechts auf rechts längs auf die Hälfte, an den langen Kanten bündig. Verstürzen Sie die lange Besatzkante 5 mm breit. Wenden Sie den Besatz, legen Sie die Naht mittig und bügeln Sie den Besatz. (Die Besatzseite mit Naht ist die linke Seite.) (Abbildung 8)

Markieren Sie auf der rechten Besatzseite 4 cm breite Abschnitte, beginnen Sie dabei 6 cm neben der Kante. (Abbildung 9)

ABBILDUNG 8

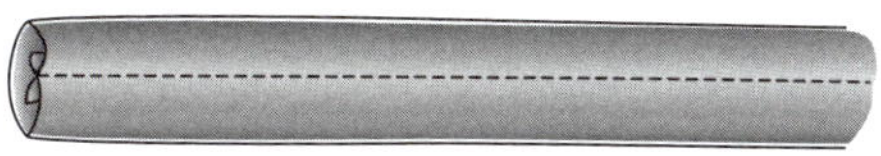

ABBILDUNG 9

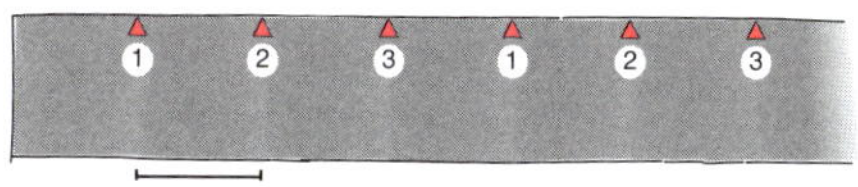

Markierungen mit 4 cm Abstand

ABBILDUNG 10

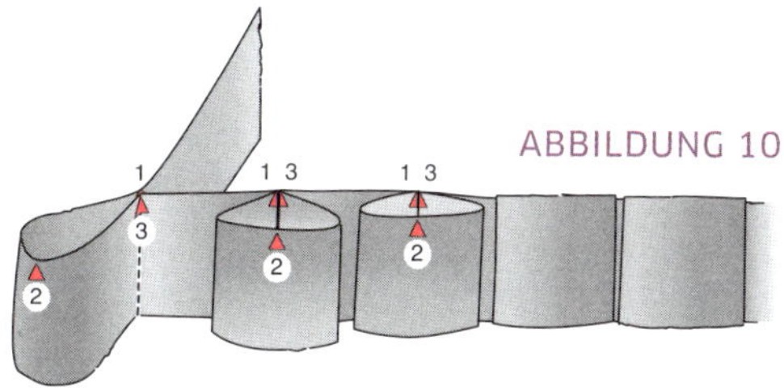

ABBILDUNG 11

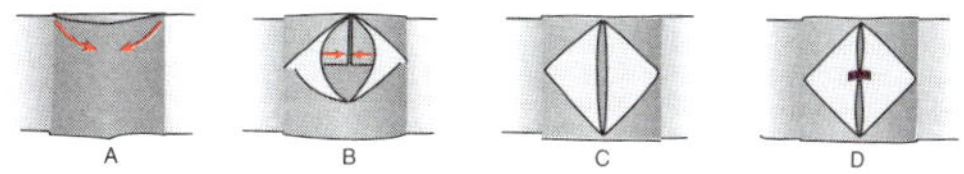

Falten und stecken Sie die Markierungen links auf links jeweils an die übernächste Markierung. Nähen Sie den Besatz an den gesteckten Stellen ab; es entstehen Schlaufen. Bügeln Sie die Schlaufen flach auseinander. (Abbildung 10)

Falten Sie die Schlaufen zu Origami-Karos: Siehe Abbildung 11.

A. Ziehen Sie eine flachgebügelte Schlaufe an der Oberkante auf.

B. Legen Sie die Seitenkanten in der Mitte aneinander und bilden Sie ein Karo.

C. Bügeln Sie das Karo flach.

D. Fixieren Sie das Karo mit der Hand oder der Nähmaschine in der Mitte mit einem kontrastfarbigen Garn. Stellen Sie bei der Nähmaschine einen breiten Zickzackstich mit einer kurzen Stichlänge ein. Nähen Sie in der Karomitte mehrmals vor und zurück.

Ziehen Sie bei der nächsten Schlaufe das Karo an der Unterkante auf. Falten Sie die Karos immer abwechselnd von oben und von unten und fixieren Sie diese auf dem Besatz.

Origami-Besatz annähen: Schlagen Sie die offenen Seitenkanten um und stecken Sie den fertigen Besatz mit der linken Seite auf die rechte Seite der Passe. Kürzen Sie den Besatz gegebenenfalls. Nähen Sie den Besatz mit Überwendlichstich (Seite 13) an den beiden langen Kanten auf die Passe.

13. BELEG FERTIGSTELLEN

Schlagen Sie den Beleg nach innen um. Schlagen Sie die seitlichen Belegkanten um und nähen Sie diese mit Überwendlichstich fest. Nähen Sie die umgebügelte Unterkante mit Überwendlichstich fest.

14. KLEID SÄUMEN

Bügeln Sie die Saumkante 1 cm nach links um. Bügeln Sie die umgebügelte Kante erneut 2 cm um. Steppen Sie anschließend die obere umgebügelte Kante auf.

15. HAKEN UND ÖSE ANNÄHEN

Nähen Sie auf der Innenseite der Passe über dem Reißverschluss nach den Herstellerangaben einen Haken und eine Öse an.

KEINE ANGST VOR **REISSVERSCHLÜSSEN**

Selbst Näherfahrene kennen die Angst vor dem Einnähen von Reißverschlüssen. Ich versichere Ihnen: Diese Angst ist vollkommen unbegründet. Trauen Sie sich einfach.

Reißverschlüsse sind leicht einzunähen. Es geht schnell und schmerzlos, vor allem, wenn Sie meine Lieblingsmethode verwenden. Sie funktioniert für alle normalen Reißverschlüsse in einer Naht. (Achten Sie darauf, dass Sie einen normalen Reißverschluss verwenden, keinen „nahtverdeckten".) So wird es gemacht:

1. Legen Sie die Reißverschlussposition fest und schließen Sie diesen Nahtabschnitt als Heftnaht. Schließen Sie die restliche Naht mit normaler Stichlänge, dabei verriegeln Sie den Anfang der Naht.
2. Legen Sie den Reißverschluss am gehefteten Nahtabschnitt mit der rechten Seite und den Krampen mittig auf die linke Seite der Naht.
3. Setzen Sie einen Reißverschlussfuß ein. Steppen Sie auf einer Seite an den Reißverschlusskrampen entlang. Drehen Sie die Arbeit am Reißverschlussende (direkt unterhalb der Klammer) um 90 Grad und nähen Sie quer, drehen Sie die Arbeit dann wieder und steppen Sie auf der anderen Reißverschlussseite wieder zurück. Wenn das Kleidungsstück oder der Gegenstand, den Sie nähen, am oberen Reißverschlussende offen ist, verriegeln Sie an dieser Stelle die Naht. Bei einer Kissenhülle oder Ähnlichem, wenn die Naht oberhalb des Reißverschlusses geschlossen ist: Wenden Sie, wenn Sie am Reißverschlussanfang (direkt oberhalb des Schiebers) angekommen sind, und steppen Sie quer. Sie steppen also rundherum alle vier Seiten des Reißverschlusses. Verriegeln Sie die Naht.
4. Trennen Sie von der rechten Seite mit einem Nahttrenner vorsichtig die Heftnaht auf, fertig! Freuen Sie sich über den schön und unauffällig in die Naht eingenähten Reißverschluss.

EIN GÜRTEL
IN 60 SEKUNDEN

Sie haben eine Minute Zeit? Fertigen Sie sich einen schicken Gürtel! Aus breitem Gummiband und einer coolen Gürtelschnalle wird ein unwiderstehliches Accessoire.

MATERIAL

- Nähausstattung (Seite 9)
- 90 cm Gummiband in der für die Schnalle passenden Breite
- Ineinandergreifende Schnalle
- Zum Gummiband passendes Garn

HINWEIS

Breites, dekoratives Gummiband für einen Gürtel finden Sie in Stoffgeschäften bei Bändern (Kurzwaren). Sie werden in frechen Farben und schönen Mustern oder mit Verzierungen wie Rüschenkanten angeboten.

1. Steppen Sie (Seite 15) ein Gummibandende 1 cm um. Ziehen Sie dieses Ende 5 cm in ein Schnallenteil ein und schlagen Sie es links auf links um. Steppen Sie das Ende an der umgesteppten Kante schmalkantig fest.
2. Befestigen Sie das andere Gummibandende entsprechend an dem anderen Schnallenteil. (Probieren Sie den Gürtel an, bevor Sie das zweite Ende einziehen, und schneiden Sie gegebenenfalls etwas Gummiband ab.)

MEIN ERSTER **JERSEY-CARDIGAN**

Ich gebe zu: Vor dem Entwurf dieses Cardigans habe ich noch nie Maschenware verarbeitet. Solche Stoffe waren mir suspekt. Ich dachte, ich bräuchte etwas Besonderes, eine besondere Nähmaschine, besonderes Garn oder eine besondere Technik. Ich hatte mich vollkommen geirrt! Maschenstoffe lassen sich mit denselben Methoden und Werkzeugen bearbeiten wie Webstoffe. Wenn Sie also noch nie etwas aus Jersey genäht haben, probieren Sie es mit diesem Cardigan.

FERTIGE MASSE

Breite: Nach Ihren Maßen
Länge: 70 cm

MATERIAL

» Nähausstattung (Seite 9)
» Etwa 1,50 m Jersey (siehe Hinweis)

HINWEIS

Dieses Modell wird nach Ihren Maßen gefertigt. Der genaue Stoffverbrauch ist daher individuell. Lesen Sie sich die gesamte Anleitung durch, nehmen Sie bei sich Maß (Schritt 1) und ermitteln Sie Ihren Stoffverbrauch. Kaufen Sie etwas mehr, wenn Sie sich nicht sicher sind.

ABBILDUNG 1

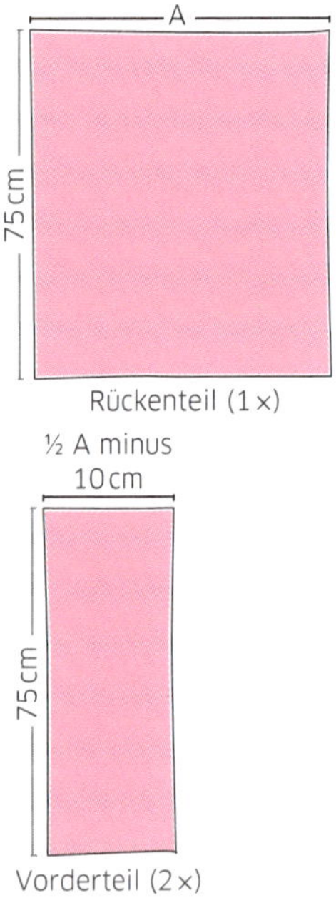

ABBILDUNG 2

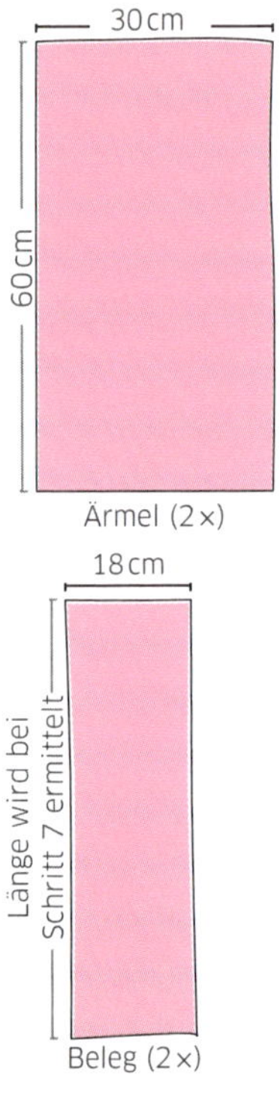

1. MESSEN UND ZUSCHNEIDEN

Rückenteil: Messen Sie Ihre Brustweite und halbieren Sie das Maß. Geben Sie für Maß A 7,5 cm zu. Schneiden Sie ein Rechteck mit der Breite A und 75 cm Länge zu.

Vorderteile: Schneiden Sie zwei Rechtecke mit der Breite des halben Maß A abzüglich 10 cm und 75 cm Länge zu. (Abbildung 1)

Ärmel: Schneiden Sie zwei Rechtecke zu, 60 cm breit und 30 cm lang. (Dieser kimonoartige Ärmel ist sehr weit und reicht bis zum Ellenbogen. Sie können auch einen Ärmel in Ihrer Wunschweite und -länge konstruieren. Legen Sie das Maßband locker um Ihren Oberarm und ermitteln Sie Ihre Wunschweite.) (Abbildung 2)

Vorderteilbelege: Sie benötigen außerdem zwei 18 cm breite Streifen als Belege für die Vorderteile. Die Länge der Belege wird ermittelt, sobald der Rumpf fertiggestellt ist. Achten Sie beim Zuschnitt darauf, dass noch Stoff für die Belege übrig bleibt. (Weitere Details siehe Schritt 7.) (Abbildung 2)

2. SCHULTERNÄHTE SCHLIESSEN

Stecken Sie die Vorderteile an der Schulter rechts auf rechts auf das Rückenteil (in der Mitte bleibt eine Lücke, siehe Abbildung). Schließen Sie die Schulternähte mit einer 1 cm breiten Naht. (Abbildung 3)

ABBILDUNG 3

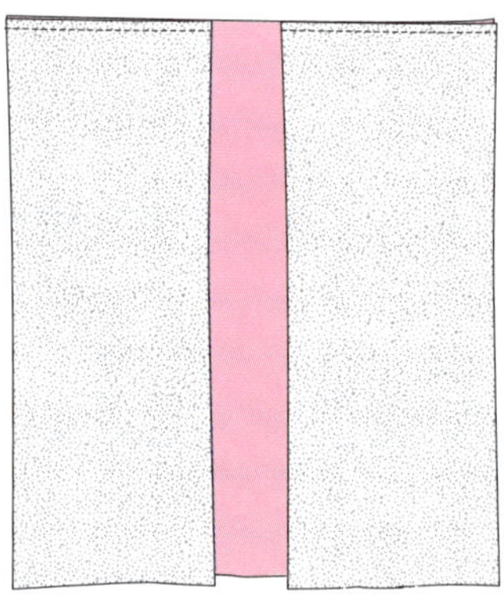

3. ÄRMEL ANNÄHEN

Breiten Sie das Rumpfteil mit der rechten Seite nach oben aus. Stecken Sie einen Ärmel mit einer längeren Kante bündig rechts auf rechts, an der Schulternaht mittig, auf Vorder- und Rückenteil. Nähen Sie den Ärmel mit einer 1 cm breiten Naht an. (Abbildung 4) Bügeln Sie die Nahtzugaben zum Ärmel (wichtig für eine saubere Ärmel- und Seitennaht bei Schritt 5). Nähen Sie den anderen Ärmel ebenso an.

ABBILDUNG 4

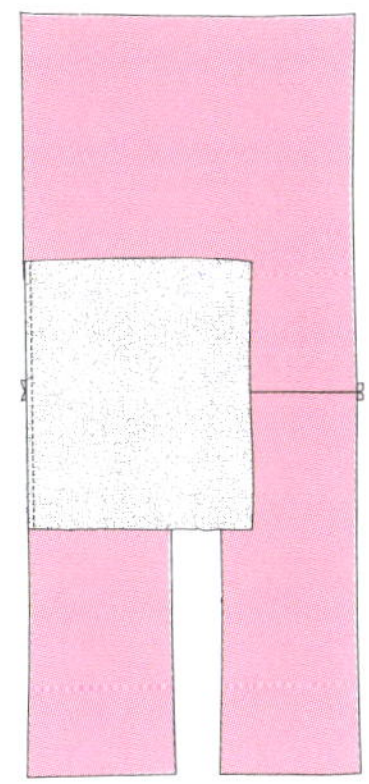

4. HALSAUSSCHNITT ERWEITERN

Falten Sie den Cardigan längs links auf links auf die Hälfte und markieren Sie die Mitte auf der rechten Stoffseite mit einer Stecknadel. Falten Sie den Cardigan auf und legen Sie ihn mit der rechten Seite nach oben. Zeichnen Sie mit einem kleinen Teller oder einem anderen runden Gegenstand auf dem Rückenteil mittig eine Rundung ein, etwa 2,5 cm tief. Schneiden Sie den Halsausschnitt aus. (Abbildung 5)

ABBILDUNG 5

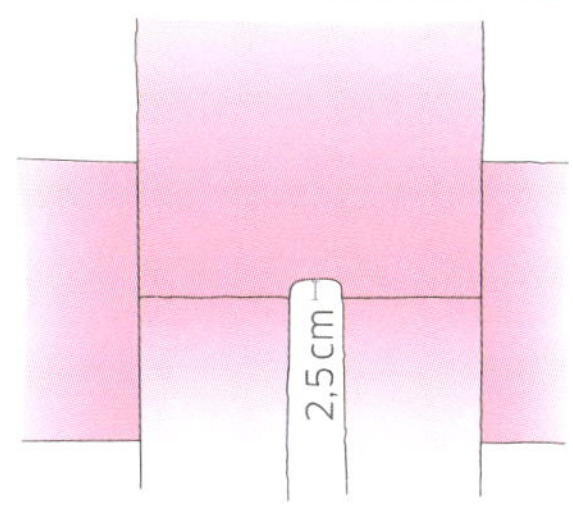

5. ÄRMEL- UND SEITENNÄHTE IN EINEM SCHLIESSEN

Falten Sie den Cardigan an den Schulternähten rechts auf rechts und legen Sie die Ärmel- und Seitenkanten bündig. Stecken Sie die Seiten- und Ärmelnähte und schließen Sie diese jeweils in einem Rutsch mit einer 1 cm breiten Naht, beginnen Sie dabei an der Unterkante. (Abbildung 6)

ABBILDUNG 6

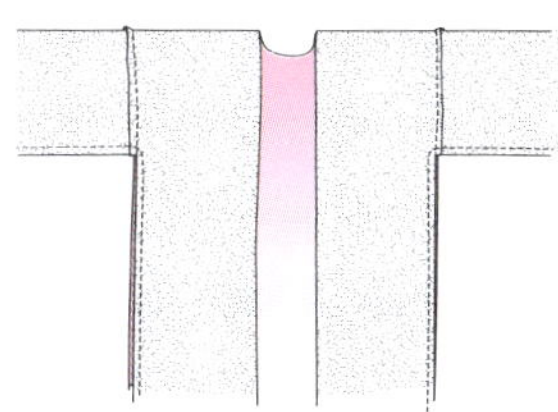

ABBILDUNG 7

ABBILDUNG 8

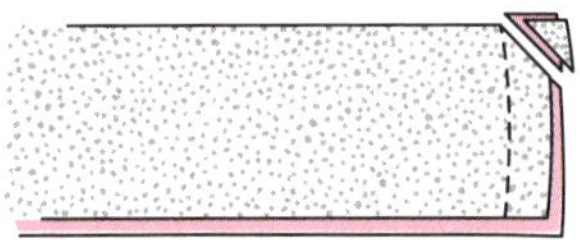

ABBILDUNG 9

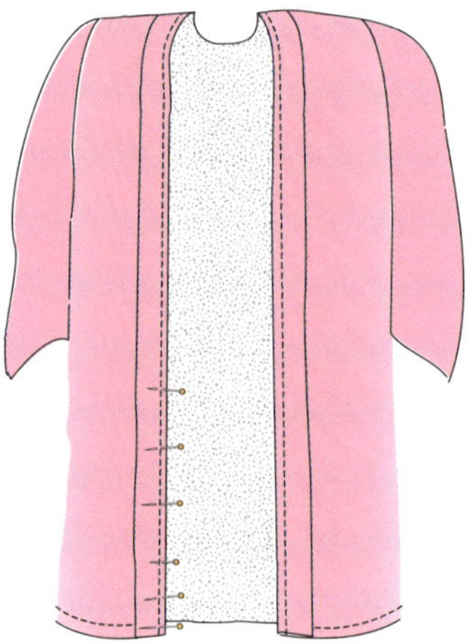

6. UNTERKANTE SÄUMEN

Hinweis: Die Unterkante wird vor dem Annähen der Belege gesäumt. Halsausschnitt und Vorderkanten werden bei Schritt 7 mit dem Beleg verstürzt.

Bügeln Sie die Saumkante 1 cm nach links um. Bügeln Sie diese Kante erneut 3 cm um und stecken Sie den Saum. Steppen Sie die obere umgebügelte Kante auf. Verstärken Sie bei sehr leichtem Stoff die Saumzugabe vor dem Säumen mit leichter Bügeleinlage (Seite 17).

7. BELEG FERTIGEN

Messen Sie Vorderkante und Halsausschnitt bis zur rückwärtigen Mitte mit einem Maßband. (Abbildung 7) Schneiden Sie zwei 18 cm breite Streifen in dieser Länge plus 2 cm für die Nahtzugabe zu. Legen Sie die Streifen an einem kurzen Ende bündig rechts auf rechts aufeinander und nähen Sie diese mit einer 1 cm breiten Naht zusammen. Bügeln Sie die Nahtzugaben auseinander. Falten Sie den Streifen rechts auf rechts längs auf die Hälfte. Stecken und verstürzen Sie die beiden kurzen Kanten mit einer 1 cm breiten Nahtzugabe. (Abbildung 8) Schneiden Sie die Nahtzugabe an den Ecken zurück (Seite 17), wenden Sie den Beleg.

8. BELEG ANNÄHEN

Stecken Sie den Beleg rechts auf rechts, mit der Belegnaht an der rückwärtigen Mitte, an die Vorderkanten und den rückwärtigen Halsausschnitt. Die offenen Kanten liegen dabei aufeinander. Verstürzen Sie die Vorderkanten und den Halsausschnitt 1 cm breit mit dem Beleg, gehen Sie dabei folgendermaßen vor: Beginnen Sie an einer Saumkante und steppen Sie bis zur rückwärtigen Mitte. Verriegeln Sie die Naht (Seite 15) und schneiden Sie den Faden ab. Beginnen Sie an der anderen Saumkante und steppen Sie wieder bis zur rückwärtigen Mitte. (Wenn Sie jeweils an der Saumkante beginnen, gehen die Saumkanten und Belegkanten verschiebungsfrei ineinander über.) (Abbildung 9)

Bügeln Sie die Nahtzugaben zum Cardigan und steppen Sie die Kante von rechts ab.

9. ÄRMEL SÄUMEN

Bügeln Sie die Ärmelkante 1 cm um. Bügeln Sie die eben umgebügelte Kante erneut 3 cm um. Stecken und steppen Sie den Saum.

NEUE MASCHE

Ich gebe zu, ich hatte vor diesem Cardigan keine Erfahrung mit Maschenware. Jersey zu verarbeiten ist einfacher, als man denkt! Hier ein paar Erfahrungen, die ich gesammelt habe.

* Maschenware ist dehnbar und verrutscht beim Zuschneiden leicht, daher ist der Zuschnitt etwas mühsam. Lassen Sie sich dabei Zeit, dann gelingt er Ihnen. Ich finde es leichter, mit Rollschneider, Schneidelineal und Schneidematte zuzuschneiden.
* Stecken Sie die Nähte sorgfältig, damit Sie diese anschließend verschiebungsfrei nähen können.
* Ziehen Sie den Stoff beim Nähen leicht auseinander. Wenn Sie den Stoff zu stark ausdehnen, verzieht sich die Naht.
* Jersey franst nicht aus, Sie können es sich also auch leicht machen und die Kanten einfach ungesäumt lassen.
* Bügeln Sie jede Naht nach dem Schließen mit Dampf. Sonst sind Sie frustriert, weil sie krumm und schief aussieht. Beim Steppen wird Jersey etwas zusammengezogen, doch das lässt sich schnell ausbügeln.

DAS **ROCKT**

Diesen Rock habe ich als kleine Nähschule konzipiert, bei der ein nettes Projekt herauskommt. Sie lernen Falten zu nähen, einen gut sitzenden Bund, eine Knopfleiste und Knopflöcher - und alles mit geraden Nähten. Und am Ende der Lektion haben Sie einen adretten Rock, mit dem Sie richtig angeben können. (Ich trage dazu gerne Ballerinas oder Stiefel.)

FERTIGE MASSE

Breite: Nach Ihren Maßen
Länge: 51 cm (ab Bundnaht)

MATERIAL

» Nähausstattung (Seite 9)
» Etwa 1,50 m Stoff (siehe Hinweis)
» Etwa 70 cm leichte Bügeleinlage
» 5 Knöpfe mit 2,5–2,8 cm Durchmesser*
» Zum Stoff passendes Allzweckgarn
» Zum Stoff passendes kontrastfarbiges Allzweckgarn

STOFFEMPFEHLUNG

Ein mittelschwerer bis schwerer Webstoff ist für diesen Rock ideal. Ich habe einen Baumwoll-Köper verwendet, leichter Denim, Cord oder ein Wollstoff eignen sich ebenfalls gut.

HINWEIS

Dieses Modell wird nach Ihren Maßen gefertigt. Der genaue Stoffverbrauch ist daher individuell. Lesen Sie sich die gesamte Anleitung durch, nehmen Sie bei sich Maß (Schritt 1) und ermitteln Sie Ihren Stoffverbrauch. Kaufen Sie etwas mehr, wenn Sie sich nicht sicher sind.

* Größere Knöpfe passen nicht in die Knopfleiste.

ABBILDUNG 1

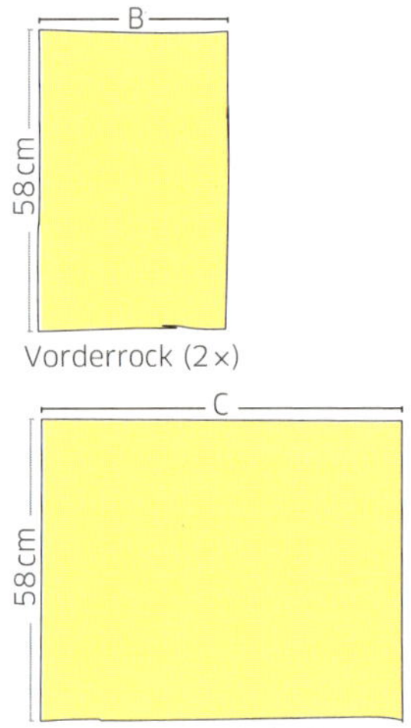

ABBILDUNG 2

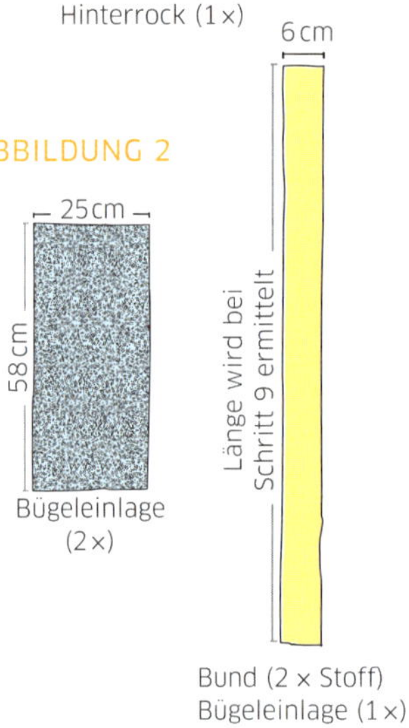

ABBILDUNG 3

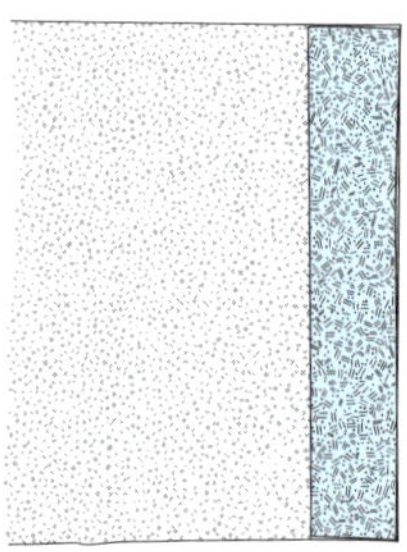

1. MESSEN UND ZUSCHNEIDEN

Vorderrock: Messen Sie Ihre Taillenweite und geben Sie für Maß A 4 cm Mehrweite zu. Teilen Sie A durch 4 und geben Sie für Maß B 29 cm zu. Schneiden Sie zwei Rechtecke mit der Breite B und der Länge 58 cm zu.

Hinterrock: Teilen Sie A durch 2 und geben Sie für Maß C 50 cm zu. Schneiden Sie ein Rechteck mit der Breite C und 58 cm Länge zu. (Abbildung 1)

Bügeleinlage: Schneiden Sie für den Vorderrock zwei 25 × 58 cm große Stücke Bügeleinlage zu. Für den Bund benötigen Sie ebenfalls Bügeleinlage. Die genauen Maße werden bei Schritt 9 ermittelt.

Bund: Für den Bund benötigen Sie Stoff, die genauen Maße werden allerdings erst bei Schritt 9 ermittelt. Bewahren Sie genug Stoff für zwei Teile auf, die 6 cm breit und mindestens Ihre Taillenweite plus 2 cm lang sind. (Abbildung 2)

2. EINLAGE AUFBÜGELN

Bügeln Sie auf die linke Seite der beiden vorderen Rockteile an einer 58 cm langen Kante die Bügeleinlage (Seite 17) auf. Die mit Einlage fixierten Kanten werden die Verschlussleisten, die nicht fixierten Kanten die Seitennähte, achten Sie daher darauf, dass Sie die beiden Teile gegengleich fixieren. (Abbildung 3)

3. FALTEN ANZEICHNEN

Bei diesem Rock werden 4 cm breite, einfache Falten von der Mitte nach außen gelegt. Zeichnen Sie die Faltenpositionen an Vorder- und Hinterrock anhand der Abbildungen an.

Falten im Vorderrock anzeichnen: Breiten Sie die beiden vorderen Rockteile mit der rechten Seite nach oben aus. Markieren Sie jeweils an der Oberkante: Punkt A 24 cm neben der fixierten Kante. Punkt B 8 cm neben Punkt A. Punkt C 4 cm neben Punkt B. Punkt D 8 cm neben Punkt C. (Abbildung 4)

Falten im Hinterrock anzeichnen: Falten Sie den Hinterrock auf die Hälfte und markieren Sie die hintere Mitte. Breiten Sie den Hinterrock mit der rechten Seite nach oben aus. Zeichnen Sie wie beim Vorderrock die Faltenpositionen A bis F anhand von Abbildung 5 an der Oberkante des Hinterrocks an. Markieren Sie die Punkte A–F sowohl rechts als auch links von der hinteren Mitte.

4. FALTEN LEGEN

Falten im Vorderrock legen: Falten und stecken Sie den Stoff von der fixierten Kante zur Seite, Punkt A auf Punkt B und C auf D. (Abbildung 6) Es entstehen zwei 4 cm breite Falten, die Z-förmig von der vorderen Mitte nach außen gelegt sind. (Im rechten Vorderrock sind die Falten nach rechts, im linken Vorderrock nach links gelegt.)

Falten im Hinterrock legen: Legen Sie die Falten von der hinteren Mitte zur Seite, Punkt A auf Punkt B, C auf D und E auf F. Es entstehen insgesamt sechs 4 cm breite Falten, drei auf jeder Seite des Hinterrocks. (Abbildung 7)

Vorder- und Hinterrock: Bügeln Sie die Falten ein und heften Sie die Falten 5 mm unterhalb der Oberkante.

5. SEITENNÄHTE SCHLIESSEN

Stecken Sie jeweils ein vorderes Rockteil mit der nichtfixierten Kante links auf links bündig auf eine 58 cm lange Seitenkante des Hinterrocks. Schließen Sie die Seitennähte mit einer 5 mm breiten Rechts-Links-Naht (Seite 16).

6. KNOPF- UND KNOPFLOCHLEISTEN VORBÜGELN

Hinweis: Die bei diesem Schritt vorgebügelten Bruchkanten von Knopf- und Knopflochleiste dienen bei den Schritten 7 und 8 als Markierungen.

ABBILDUNG 4

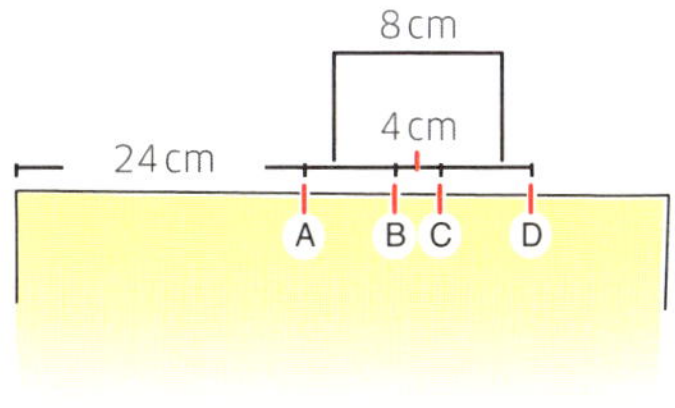

rechter Vorderrock

ABBILDUNG 5

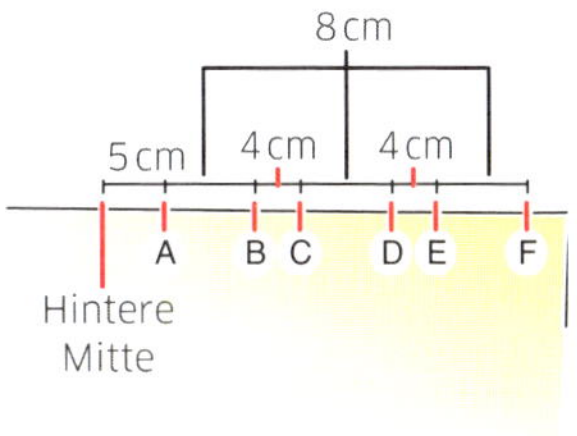

Hinterrock

ABBILDUNG 6

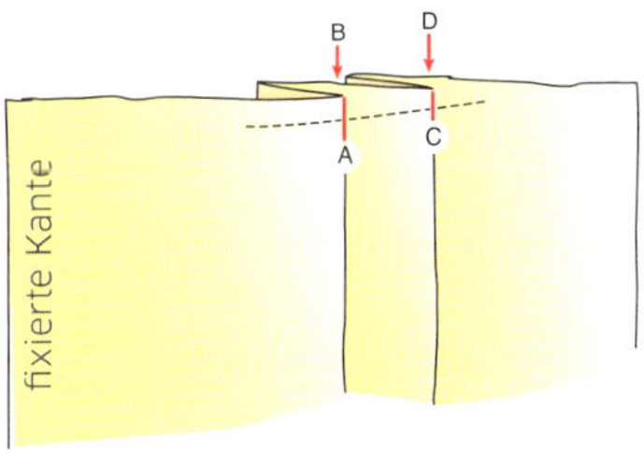

ABBILDUNG 7

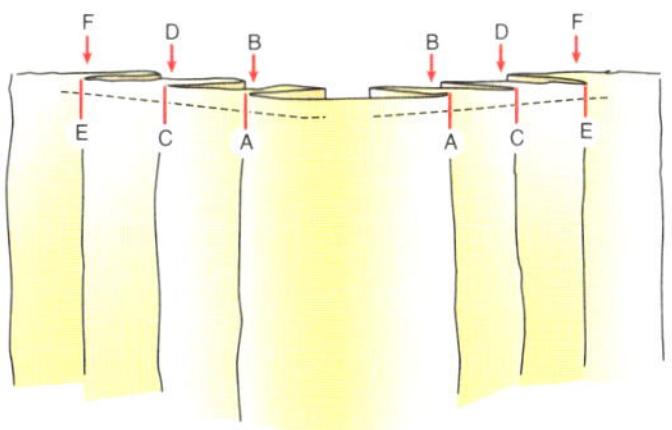

TIPP

Bei diesem Modell können Sie Ihre Lieblingsknöpfe zur Geltung bringen – allerdings sollte der Durchmesser 2,8 cm nicht überschreiten, sonst ist die Knopfleiste zu schmal.

ABBILDUNG 8

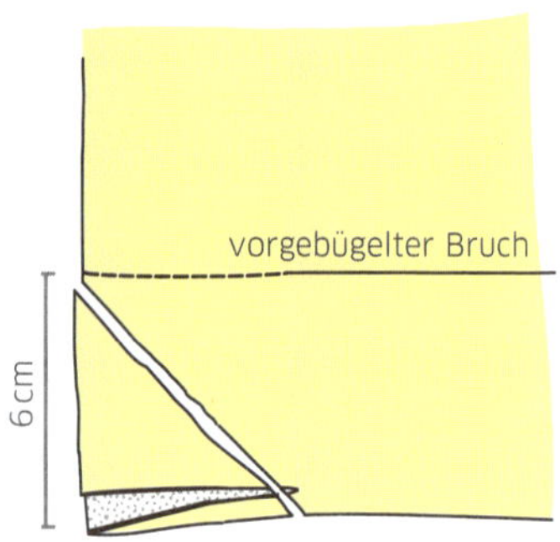

Bügeln Sie die mit Einlage fixierten Kanten der vorderen Rockteile 6 cm nach links um. Dann Bügeln Sie die umgebügelten Kanten nach rechts 6 cm um. Bügeln Sie die Unterkanten von Vorder- und Hinterrock nach links erst 1 cm und dann nochmals 5 cm um.

Breiten Sie die Teile wieder aus und verwenden Sie die vorgebügelten Brüche als Markierungen für die Schritte 7 und 8.

7. LEISTEN FERTIGEN

Schlagen Sie bei einem vorderen Rockteil an der bei Schritt 6 vorgebügelten Kante die Leistenkante rechts auf rechts 12 cm um. Schlagen Sie außerdem die offene Kante bis zum Bruch zurück (die Stofflagen sind 6 cm breit Z-förmig gefaltet) und stecken Sie die Leiste. Verstürzen Sie die Leiste an der vorgebügelten Saumkante (steppen Sie 6 cm oberhalb der Unterkante quer durch alle Lagen, ohne dabei schon den Saum zu fixieren). (Abbildung 8) Wiederholen Sie diesen Schritt mit dem anderen vorderen Rockteil.

Schneiden Sie die Nahtzugabe an den Ecken zurück und wenden Sie die Ecken. Steppen Sie die Leisten an den äußeren und inneren Bruchkanten ab (Seite 15). Dies sind die Leisten für die Knopflöcher und Knöpfe.

8. ROCK SÄUMEN

Bügeln Sie die bei Schritt 6 vorgebügelten Saumbrüche nach und steppen Sie die umgebügelte Oberkante schmalkantig auf.

9. BUND FERTIGEN

Messen Sie die Oberkante des Rocks ab und geben Sie 2 cm zu. Schneiden Sie den Bund in dieser Länge und 6 cm breit 2× aus Stoff und 1× aus Einlage zu. Bügeln Sie die Einlage auf die linke Seite eines Bundteils.

Außenbund annähen: Stecken Sie das fixierte Bundteil rechts auf rechts an den Rock, an den langen Kanten bündig und an den kurzen Kanten 1 cm über die Leistenkanten hinaus. Nähen Sie den Außenbund mit einer 1 cm breiten Naht an. (Abbildung 9) Bügeln Sie die Naht auseinander und die Nahtzugaben zum Bundteil.

ABBILDUNG 9

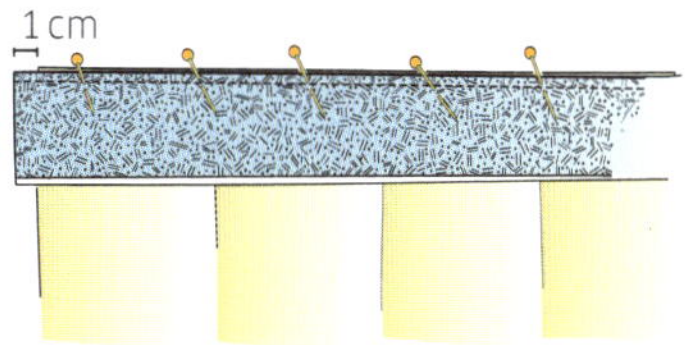

Innenbund annähen: Bügeln Sie das andere Bundteil an einer langen Kante 1 cm um. Stecken Sie den Innenbund rechts auf rechts mit den offenen Kanten bündig an den bereits angenähten Außenbund, die umgebügelte Kante bündig mit der Bundnaht. Verstürzen Sie den Bund an den Seiten und der Oberkante mit einer 1 cm breiten Naht. (Abbildung 10)

ABBILDUNG 10

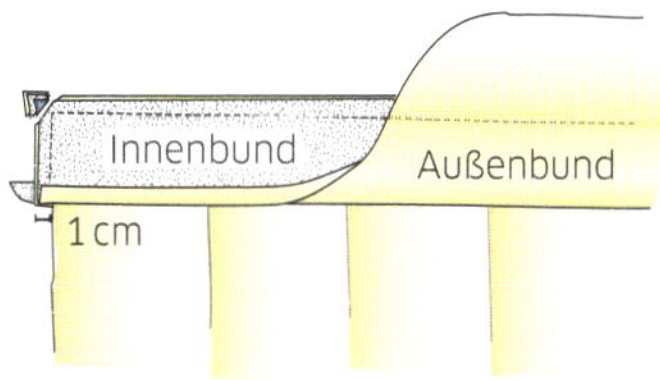

Schneiden Sie die Nahtzugabe an den Ecken zurück (Seite 17) und wenden Sie den Bund. Schieben Sie die Ecken vorsichtig mit einem spitzen Gegenstand heraus. (Abbildung 11) Der Bund ist jetzt an drei Kanten geschlossen, die umgebügelte Kante liegt innen. Stecken Sie den Innenbund und nähen Sie ihn mit dem Überwendlichstich (Seite 13) an.

ABBILDUNG 11

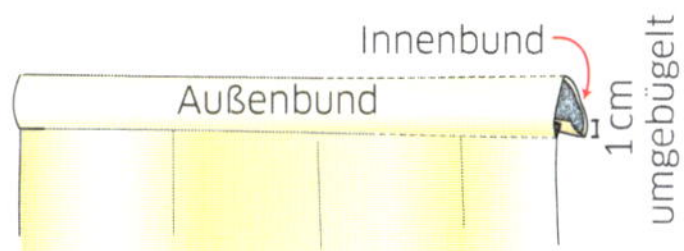

10. KNOPFLÖCHER ARBEITEN UND KNÖPFE ANNÄHEN

Arbeiten Sie die Knopflöcher nach den Herstellerangaben für Ihre Nähmaschine ein. Zeichnen Sie dazu 2,5 cm neben der Leistenkante des rechten Rockteils auf der Hälfte des Bunds quer ein 3 cm langes Knopfloch ein. Zeichnen Sie 3 cm neben der Leistenkante des rechten Rockteils mit jeweils 6,5 cm Abstand längs vier 3 cm lange Knopflöcher ein. (Abbildung 12)

ABBILDUNG 12

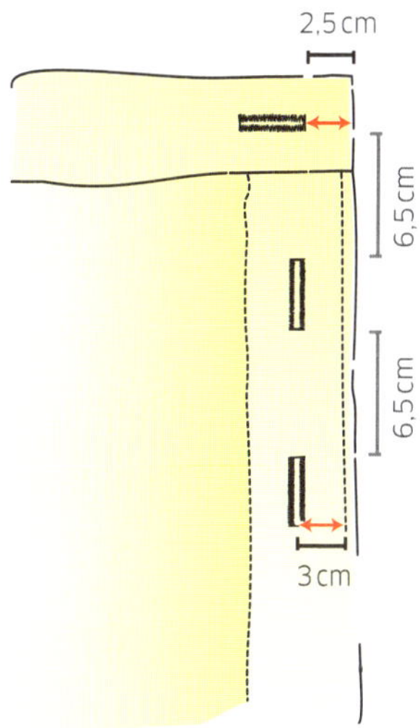

Schneiden Sie die Knopflöcher mit einem Nahttrenner auf. Legen Sie die rechte Knopflochleiste auf die linke Knopfleiste. Markieren Sie die Knopfpositionen durch die Knopflöcher auf der Knopfleiste. Nähen Sie an jeder Markierung einen Knopf an.

IMPRESSUM

Bibliografische Information der Deutschen Bibliothek.

Die Deutsche Bibliothek verzeichnet diese Publikation in der deutschen Nationalbibliografie.

Detaillierte bibliografische Daten sind im Internet über http://www.d-nb.de/ abrufbar.

EIN BUCH DER EDITION MICHAEL FISCHER
1. Auflage 2016

Erstveröffentlicht bei Potter Craft, einem Imprint von The Crown Publishing Group, 2011

Titel der Originalausgabe: Sewing in a straight line: quick and crafty projects you can make by simply sewing straight / Brett Bara

Aus dem Englischen übertragen von Eva Korte, Börger
Gesamtherstellung: Silvia Keller, Viktoria Zettl
Produktmanagement: Saskia Wedhorn

ISBN 978-3-86355-557-3

Printed in Slovakia

www.emf-verlag.de